상처를 떠나보내는 시간

쓰면서 치유하는 심리처방전

상처를 떠나보내는 시간

김세라 지음

보아스
BOAZ

오래 전 저는 심하게 상처를 받은 적이 있습니다. 아침에 눈을 뜨니 지난밤 그토록 잠을 이루지 못하게 했던 그 상처가 하나도 손상되지 않은 채 다시 달려들었습니다. 천장을 쳐다보며 몇 시간을 그대로 누운 채 이 괴로움이 얼마만큼의 시간이 지나야 빠져나갈 것인지를 생각했습니다. 그것은 아주 아득하게만 느껴질 뿐이었습니다.

지금 생각해 보면 사실 그것은 별것 아닌 상처였습니다. 단지 내 자존심의 문제였을 뿐이지만 당시 제게는 너무나 크게 느껴졌습니다. 한동안 저는 몹시 괴로워했지만 주변을 둘러보니 세상은 아무것도 달라진 것이 없었습니다. 더욱이 저는 마치 가슴을 후벼 판 듯 아픈데 사람들은 내 상처의 존재조차 모르고 있었습니다.

그때 중요한 사실을 하나 깨달았습니다. 혼자만의 통곡소리는 남에게 들리지 않는다는 것입니다. 나는 억울하고 고통스럽지만 남들에게는 상관없는 일일 뿐입니다. 그래서 우리 스스로 없애면 되는 것이 바로 상처의 실체입니다.

저는 상처를 치유하기 위한 목록을 작성했습니다. 강의를 하면서 상담프로그램에서 만났던 사람들이 받았던 상처의 진행 과정들과 그 후의 결과들을 정리하면서 목록을 수정하고 보강하는 작업을 했습니다.

이것으로 인해 상처에서 벗어났는지를 누군가 묻는다면 저는 70퍼센트는 그렇다고 말할 수 있습니다. 그 후 또다시 상처받지 않았는지 물으면 역시 70퍼센트는 그렇다고 대답할 수 있습니다. 나머지 30퍼센트는 이 시대의 구성원으로 충실히 살아가는 사람으로서 느끼는 비애라고 할 수 있습니다. 또는 감정을 가진 인간이기에 느끼는 감정일 것입니다. 그리고 슬픔과 화는 엄밀히 따져 상처와 구별되기에 상처의 범주에 넣지 않았기 때문이기도 합니다.

여기에 실려 있는 목록들을 통해 제 자신도 상처를 치유하고 상처받지 않는 삶에 큰 도움을 받았기에 이 책을 읽는 독자 여러분도 그럴 수 있기를 희망합니다. 이것은 상처받지 않는 삶을 위한 안내서이자 지침서이며, 은근하게 속삭이는 밀어이자 강한 조언입니다.

이제부터 상처를 주고받지 않는 방법을 따라오도록 하나씩 하나씩 돌다리를 놓을 것입니다. 상처를 치유하기 위해 가장 먼저 해야 할 것은 여러분이 갖고 있는 상처의 원인을 찾아내고 상처의 모습을 바라보는 것입니다. 그런 다음 어떻게 하면 상처받지 않을 것인지 그리고 받은 상처의 치유를 어떻게 할 것인지 알려드릴 것입니다.

그다음으로 다른 사람에게 상처 주지 않는 방법을 제시했습니다. 상처받지 않기 위해서는 남에게도 상처를 주지 말아야 합니다. 남에게 상처를 주지 않는 것은 남을 위한 배려이자 나 자신을 위한 것이기도 합니다.

그리고 마지막에 갈수록 험난해지는 세상에서 오랫동안 행복하게 사는 마음 건강법을 제시했습니다.

이 책을 읽는 동안 당신은 자신에게 냉정해져야 할 필요가 있습니다. 무조건적인 자기애는 상처 치유에 전혀 도움이 되지 않습니다.

상처를 받았으면서도 상황을 부정하고 과장하며 더러는 축소하면서 덮어두고 감추려 하는 것은 더 이상 상처받기가 두렵기 때문일 것입니다. 그러나 이렇게 되면 상처를 받는 일이 계속해서 반복될 뿐입니다.

상처로 힘들어 나 자신과 치열하게 싸웠던 기억이 누구에게나 있을 것입니다. 그때의 자신의 모습을 돌아보면 구석에 몰려 좁아진 시야로 세상을 바라보면서 모든 생각이 편협하게 바뀌던 초라한 모습이었을 것입니다.

우리에게 주어진 삶은 지극히 그리고 충분히 아름답습니다. 내 아름다운 시절을 상처로 얼룩지게 하지 말아야 합니다. 상처로 시간과 에너지를 소비하기에 우리 삶은 너무 짧습니다.

살아가면서 상처가 없는 사람은 없고, 상처받지 않는 사람도 없습니다. 그러므로 중요한 것은 상처의 크기나 가해자가 아니라 그것을 자신이 어떻게 다루는지가 관건입니다.

이 책은 어떻게 하면 상처를 받지 않고 상처를 치유할 수 있는지 일러주는 심리처방전입니다. 또한 내면에 존재하면서 작은 일에도 고개를 쳐드는 자신의 상처를 스스로 진단하고 알아보는 상처 자가 진단서이기도 합니다.

상처는 감추고 묻을수록 큰 파괴력을 발휘합니다. 이 책을 통해 자신의 상처를 꺼내고 드러내면서 상처의 실체를 마주하고 그것에 맞게 자신의 상처를 치유해갈 수 있을 것입니다.

상처를
떠나보내는
시간

PART 2
상처 치유를 위한 심리처방전

PART 3
험난한 세상에서 행복하게 사는 마음 건강법

PART 1

우리는
왜 상처를
받을까?

우리는 개별적인 존재이고 독립적이길 원하면서도 또 한편으로 대중적인 사랑과 미움에 의존하고 반응한다. 대중은 개인의 입장에서 보면 불특정 다수지만, 이것처럼 '나'라는 존재를 은폐하기에 좋은 것은 없다. 그래서 우리 내면에는 '함께'라는 군상 속에 숨고 싶어 하는 본능이 존재한다.

우리는 대중 속에 있을 때는 슬픔이나 미움, 기쁨 등의 감정을 대중심리에 동조해 격렬하게 표출하지만, 집으로 돌아가 개인의 공간으로 들어가면 다시 혼자라는 개인의 속성에 충실해진다.

물론 이는 인터넷, 스마트폰을 비롯한 SNS가 조장한 사회적 현상임은 부정할 수 없다. 그러나 심리적인 관점으로 들여다보자면 그것은 대중의 반응에 대한 두려움 때문일 것이다. 혼자만 반대할 경우 다른 사람들의 부정적인 시선을 받는 부담이 있지만 다수에게 묻어가면 그런 위험요소는 사라지게 된다. 그래서 나 혼자 다른 의견을 내는 것은 웬만하면 피하고 싶은 것이 일반적인 심리다. 전폭적인 지지도 부담스럽지만 모두가 내 의견에 반대한다는 것은 더 많이 두려운 일이다.

이것은 두려운 기억 때문이다. 우리의 무의식 속에는 다른 사람들에 대한 기억 중에서 좋은 것보다는 나쁜 것이 더 많이 그리고 오랫동안 자리잡고 있다. 이를 '상저의 기억'이라고 한다.

이 세상에 상처받지 않고 사는 사람은 없다. 우리가 만약 제임스 힐턴의 소설 《잃어버린 지평선》에 나오는 '샹그릴라'와 같은 지상낙원에 살게 된다면 상처 없는 삶을 살게 될까?

그곳은 히말라야 너머 티베트쯤에 존재하는 가공의 도시다. 이곳에서는 사람들이 욕심내지 않고 무리하지 않으며 중용의 덕을 지키면서 영원한 젊음을 유지하고 내적평화가 충만한 삶을 살아간다. 무한한 시간이 약속되어 있고 지나치게 다스려지는 것이 없는 이상적인 지상낙원이다.

그러나 우리는 그런 유토피아에 살고 있지 않다. 우리는 성공과 실패가 공존하는 치열하고 살벌한 현실에서 살고 있다. 하루에도 원하지 않는 수십 명의 사람과 만나고 대화를 나누어야 한다. 이런 과정 속에서 우리는 의식적으로 또는 무의식적으로 많은 상처를 입게 된다.

아무리 좋은 보양식과 건강식을 먹는다 해도 만약 상처가 일상이 되어버린다면 우리 마음은 병들게 되고, 정신적인 병은 결국 육체의 병을 불러온다.

사실 상처받지 않으면서 살아가는 삶은 우리에게 가장 이상적인 샹그릴라일지도 모른다. 그렇다면 상처와 멀리 떨어져 살 수 있는 방법은 없을까?

이제부터 우리는 함께 그 방법을 찾아나설 것이다. 이는 우리 자신의 행복을 위해 꼭 필요한 과정으로 이를 통해 우리는 자신만의 샹그릴라를 찾게 될 것이다.

누구나 상처를 받지만
치유하지 못할 상처는 없다

01

좋은 추억은 일상을 풍요롭게 하지만 상처는 일상을 파괴한다

마음에 상처를 주는 사슬을 끊어버리고
걱정하기를 단번에 그만둔 사람은 행복하다.
오비디우스

우리는 살면서 수없이 물건을 잃어버리며 산다. 기억조차 나지 않는 것을 포함하면 굉장히 많을 것이다.

분실로 인해 한동안 어려움을 겪었던 것도 있을 테고, 값나가는 것이라서 포기하지 못하고 한동안 시간만 나면 찾아다녔던 것도 있을 것이다. 개중에는 잃어버린 것조차 모르고 있는 것도 있고, 버리고 싶었는데 차라리 잘 잃어버렸다고 생각했던 것들도 있을 것이다. 또 빨리 포기하고 새것으로 구입한 적도 있지만, 새것을 사고 나서 잃어버린 것이 더 좋았다는 짙은 아쉬움이 남은 적도 있을 것이다.

그러나 사람은 다르다. 누군가를 잃게 되면 아쉽고 그리워진다. 그리고 거의 모두 기억이 난다. 이는 멀리 떨어져 있다거나 시간이 없어서 못 만나는 것과는 다르다.

그런데 상처는 두 가지를 잃게 한다. 바로 사람과 시간이다.

사람을 잃으면 한동안 마음속에서 그 빈자리가 크게 느껴진다. 미움이든 그리움이든 빈자리의 크기는 비슷하다.

우리가 누군가와 인간관계를 맺을 때 이 사람은 언제 잃게 된다는 것을 알 수는 없다. 지내다보니 그러한 상황이 생기고 진행되는 것이다. 헤어지기 전까지 그 사람과의 친밀함은 의심되지 않았고 결별의 시간이 올 것은 더욱 예상하지 못하는 경우가 많다. 사람과 사람과의 관계란 그런 것이다.

존 스타인벡의 소설 《생쥐와 인간》은 조지와 레니라는 두 인물을 통해 인간관계라는 것에 대해 생각해 보게 한다.

소설은 미국 경제대공황 시기를 배경으로 하고 있는데 조지와 레니는 떠돌이 노동자로 둘도 없는 친구 사이다. 이들은 언젠가 자신들만의 땅을 소유하겠다는 꿈을 갖고 있다.

조지와 레니의 우정은 서로 너무 다른 성격으로 인해 늘 불안하다. 레니는 거구에 순수하지만 모자라서 말썽이 끊이지 않는다. 반면 조지는 체구가 작고 왜소하지만 영리하고 생활력이 강하다. 조지는 늘 레니를 보호해주고, 레니로 인해 불이익을 당해도 항상 그를 감싼다.

그러나 그들의 관계는 결국 레니로 인해 파국을 맞는다. 농장주 아들인 컬리의 아내는 평소 부드러운 감촉을 좋아하는 레니에게 자신의 금발머리를 쓰다듬게 한다. 단지 그것뿐이었지만 인기척에 놀라 여자가 소리를 지르자 레니가 당황해 입을 막다가 힘을 너무 세게 주는 바람에 여자를 죽이고 만다.

컬리와 동네 사람들은 레니를 잡으려고 동네를 샅샅이 뒤진다. 숨어 있는 레니를 발견한 조지는 자신들의 꿈에 대해 이야기하다가 총을 꺼내 레니를 쏘아 죽인다.

조지가 레니를 죽인 이유는 컬리에게 잡히면 잔인하게 죽임을 당할 것을 예상하고 차라리 친구를 위해 자신이 죽이는 방법을 택한 것일 수도 있고, 사고만 치던 레니가 결국 살인까지 저지르자 죽어 마땅하다고 생각했기 때문일 수도 있다. 아니면 자신들의 우정이 이제는 희망이 없다고 생각했기 때문일 수도 있다.

하지만 이것은 레니를 배제한 조지의 생각이다. 조지는 중요한 순간에 레니의 생각과 입장을 염두에 두지 않았다.

두 사람의 우정은 인간관계와 개인적 삶의 의미를 상징적으로 보여준다. 우리는 타인과의 관계에서 조지와 같은 입장에 설 수 있기에 그의 행동을 이해할 수 있다. 조지의 입장에서 보자면 말썽만 일으키고 부담만 주는 레니를 보호자와도 같은 자신이 심판하고 관계를 끊어버리는 것은 옳은 결정일 수 있다.

그러나 때로 우리가 최선이라고 믿는 것은 도덕적으로 문제가 없어도 관계 속에서는 다를 수 있다. 관계라는 것은 나 혼자만의 일방적인 것이 아니라 나와 상대가 연결되어 있는 것이므로 상대방의 입장과 처지, 생각도 헤아려야 한다. 만약 나에게만 최선인 것을 선택한다면 관계는 결코 유지되기 어렵다.

또한 우리는 자신이 조지처럼 항상 다른 사람 때문에 힘들고 상처받으며 손해를 본다고 생각한다. 그러나 곰곰이 생각해 보면 자신을 그렇게 만들고 관계를 망치는 원인은 결국 자신에게 있다. 이 소설은 이러한 사실을 레니와 조지를 통해 우리에게 상징적으로 보여준다.

우리는 상처를 받으면 자신에게 상처를 준 사람을 가해자라고 생각한다. 그러나 우리 또한 누군가에게 가해자였던 적이 많을 것이다. 또한 우리가 가해자라고 생각하는 사람들은 오히려 우리를 가해자라고 생각할 수도 있다. 이처럼 같은 상황에서 각자의 입장과 생각은 완전히 다를 수밖에 없다.

누구나 자신의 입장에서 주인공은 '나'이기에 상황을 객관적으로 볼 수가 없다. 그러나 제삼자의 입장으로 상황을 바라보면 같은 상황도 다르게 보이기 마련이다. 그렇게 되면 도저히 이해할 수 없던 많은 것이 이해되지만 우리도 관계 속의 일부이므로 상황을 객관적으로 바라보고 판단한다는 것이 결코 쉽지 않다.

테너시 윌리엄스의 희곡 〈욕망이란 이름의 전차〉에는 피해자이면서 가해자인 세 명의 인물이 등장한다.

남부 귀족 출신인 블랑쉬는 고등학교 영어교사였다. 그녀는 결혼 후 가문의 몰락, 친척의 죽음, 남편의 자살로 상처투성이가 되었다. 섬세한 그녀는 자신의 불안하고 고통스러운 삶을 욕망으로 치장한다. 입만 열면 거짓을 말하지만 자신은 진실이어야 하는 것을 말할 뿐이라고 생각한다.

그녀의 동생 스텔라는 자신이 성장한 남부의 거대한 저택과 비교도 안 되는 가난한 동네에서 정욕이 넘치는 남편 스탠리와 살고 있다. 그러나 그녀는 과거에 얽매이지 않고 남편 스탠리가 주는 육체적 쾌락을 거부하지 않는다. 어느 날 찾아온 상처투성이의 언니에게 현재 자신의 처지를 보여줘야 하기에 스텔라는 불편하고 마음이 아프다.

경쟁심과 성적욕구가 강한 스탠리는 모든 것을 눌러야 직성이 풀리는 성격이다. 그는 겉치레를 싫어하며 오로지 자신의 욕망에 충실하다. 스탠리는 모든 것을 다 드러내야 진실이라고 생각하므로 블랑쉬와 같은 부류를 혐오한다.

스텔라가 집을 비운 사이 블랑쉬와 스탠리 두 사람 사이의 갈등은 선을 넘어선다. 블랑쉬의 위선을 더 이상 참을 수 없는 스탠리는 블랑쉬를 겁탈한다. 집으로 돌아온 스텔라는 그 사실을 알면서도 모른 척한다. 그녀는 암묵적으로 남편과 동의해 언니가 정신병원으로 호송되는 것을 묵인한다.

이들은 모두 행복해 보이지 않는다. 블랑쉬가 떠난 후 스탠리와 스텔라가 행복했을 리는 없다. 이미 누군가에게 피해자이면서 가해자가 되었기 때문이다. 성장 과정과 그 후의 삶, 그리고 지금의 형편이 어떤지는 부수적인 것들에 불과하다. 이들의 갈등은 바로 관계의 문제다.

블랑쉬가 떠나고 부부는 다시 이전의 삶으로 돌아간다. 겉으로 보기엔 모두에게 적당한 결말이지만 한 꺼풀을 벗겨내면 이들에게 남은 것은 지독한 상실감이다.

우리는 수없이 많은 관계 속에서 살아가지만 그 속에 있으므로 관계를 객관적으로 바라보지 못한다. 그래서 갈등을 풀어가는 데 한없이 서툴고, 결국 화살은 상대방을 향한다.

한 통계에 따르면, 회사를 퇴사하는 원인의 1위가 인간관계 때문이라고 한다. 일이 힘든 것보다 사람 때문에 힘든 것이 더 고통스럽고 견디기 힘들다는 사실을 보여준다.

우리가 일상적으로 만나는 사람 모두를 이해하고 헤아릴 수 있다면 정말 좋겠지만 그것은 분명 불가능하다. 더욱이 가까운 사람일수록 이성보다는 감정이 앞서기에 오히려 더 이해하지 못할 때도 많다. 그래서 상처받고 미워하게 되는 것이다.

사실 상처를 주고받지 않는 삶은 심리적으로 편안하다. 밤잠을 설치며 '내가 왜 그랬을까' 하는 자책감으로 자신을 후벼 파지 않아도 되고, '어떻게 나한테 그럴 수 있지'라고 서운한 감정으로 고통받지 않아도 되기 때문이다.

그러나 살아가면서 상처를 받지 않고 주지 않는 일은 생각처럼 쉬운 일은 아니다. 로마 시대 역사가인 타키투스도 이런 말을 남겼다.

"사람들은 은혜보다 상처에 대해 대갚음을 잘한다. 은혜를 갚는 것은 짐이고 복수는 즐거움이기 때문이다."

상처는 끊임없이 상대를 미워하면서 언젠가 대갚음할 날을 기다리며 스스로 또 다른 상처를 내고 상대에게 불신감을 갖게 한다. 이것이 깊어지면 상대에 대한 불신을 넘어 사람들에 대한 불신으로 이어지기도 한다.

상처로 인해 사람을 잃고 나면 시간도 함께 잃어버리게 된다. 누군가에 대한 미움으로 전의를 불태우는 시간에는 오로지 그러한 생각이 머릿속을 지배하고 무엇을 해도 능률이 오르지 않는다. 그래서 그 시간들을 무익하게 소모해버리게 되는 것이다.

또한 잃은 사람과의 시간도 함께 잃어버리게 된다. 우리는 좋은 추억을 떠올리면 행복감을 느낀다. 그러나 나와 상처로 얽혀 있는 사람과의 추억을 떠올리면 마음만 괴롭기 때문에 그 사람과의 추억이 담긴 사진이나 물건은 모조리 없애버리기도 한다. 결국 그 사람과 함께했던 시간을 지워버리게 되는 것이다.

또한 상처로 인한 가장 큰 문제는 우리의 일상을 파괴하는 것이다. 상처로 고통받는 시간 동안 할 수 있는 것은 대체적으로 발전적인 것과는 거리가 멀다. 원망과 미움은 우리의 성장을 방해하는 감정들이며 남아 있는 것마저 함께 앗아갈 만큼 강력하다.

영화 〈필라델피아〉의 주인공 앤드류를 통해 우리는 상처를 딛고 발전적인 삶을 살 때 어떠한 결과를 얻을 수 있는지를 볼 수 있다.

상처는 상처 자체보다 변이되는 후유증이 더 심각하다.
상처를 껴안고 헤맬수록 우리는 삶에서 많은 것을 잃어버리게 될 뿐이다.

그는 상처로 만신창이가 되었지만 사람도 잃지 않았고 시간도 잃지 않았다.

변호사 앤드류는 동성애자이고 에이즈 환자다. 그는 에이즈 환자라는 이유로 법률회사에서 해고를 당한다. 능력 있던 그에게 호의적이었던 사람들은 모두 등을 돌리고 고의적으로 상처를 준다.

그는 자신을 부당하게 해고한 회사를 상대로 소송을 건다. 그러나 에이즈 환자에게는 법도 공평하지 않으며, 어느 누구도 그의 변호를 맡으려 하지 않는다. 앤드류는 결국 자신과 라이벌 관계로 사이가 좋지 않았던 변호사인 조에게 변호를 부탁한다. 조는 그의 제안을 수락한다.

앤드류는 죽어가면서도 소송을 준비한다. 침대에 누워 남을 원망하고 자신의 신세를 한탄할 시간에 자신의 인권을 위해 싸운다. 그는 시간도 잃지 않았고, 전에는 원수나 마찬가지였던 조와 친구가 되었으며, 자신을 이해해주는 사람들을 더 많이 얻게 되었다. 그는 죽음을 앞에 두고 있었지만 결과적으로 삶에서 아무것도 잃지 않았다.

상처는 상처 자체보다 변이되는 후유증이 더 심각하다. 누구나 상실감으로 인해 삶이 피폐해졌던 경험이 있을 것이다. 그 상처를 껴안고 헤맬수록 우리는 사람과 시간을 잃어버리게 될 뿐이다.

그래서 우리는 우리의 일상을 결코 상처와 함께하도록 해서는 안 된다.

02

자기 연민의 크기와
상처의 깊이는 비례한다

따뜻한 가슴, 지치지 않는 열정,
남에게 상처 주지 않는 손길을 가져라.
찰스 디킨스

상처로 피폐한 생활을 하다보면 마치 도미노가 무너지듯 삶의 계획
들이 차례로 무너져버리는 경험을 한 적이 있을 것이다. 어긋나버
린 오늘 때문에 내일을 기약할 수 없게 된다.

우리 삶에서 시간은 매우 소중하다. 누구나 주어진 시간 속에서
살고 있으며 이미 지나간 시간을 붙잡을 수는 없다. 돈으로도 살 수
없는 것, 그것이 바로 시간이다. 그래서 우리 자신에게 주어진 시간
을 어떻게 사용하느냐는 우리 삶의 질을 바꾸고 우리 인생의 도착
점을 결정한다.

우리 삶은 시시각각 내리는 선택의 총합이다. 우리가 한 선택들

은 우리 삶의 향방을 결정짓는 좌표와 같으므로 하나하나 중요하지 않을 수 없다.

아서 밀러의 희곡 〈세일즈맨의 죽음〉은 자신의 현실이 가져온 절망 속에서 어떤 선택을 하는 것이 옳을까 라는 문제를 생각해보게 한다.

세일즈맨 윌리 로먼은 전형적인 현대의 가장이다. 그는 두 아들을 위해 자신의 성공을 목표로 노력했지만 대량생산과 유통업의 발달로 인해 세일즈 실적은 날로 저조해져간다. 큰아들 비프는 사업을 하겠다고 나서지만 실패하고, 둘째아들 해피는 형에게만 관심을 갖는 아버지에게 소외감을 느낀다.

결국 직장에서 해고된 윌리는 소모품으로 취급되는 자신의 삶에 회의를 느낀다. 그런 윌리를 지켜봐야 하는 아내 린다는 두 아들마저 아버지를 이해해주지 않자 괴로워한다. 결국 윌리는 보험금을 타서 비프의 사업자금을 대주겠다는 생각으로 자동차 사고를 가장하여 자살한다.

이 가족의 비극을 보면서 사회의 부조리로 인해 삶이 망가지고 개인의 힘으로 극복할 수 없는 부분이 있는 것은 안타깝고 슬프지만 한편으로 삶이 아무리 고단하고 사회가 아무리 각박해도 그런 선택이 최선이었을까 하는 생각을 하게 된다.

한동안 '현실을 받아들이고 힘내라' 라고 위로하며 베스트셀러가 되었던 책들이 요즘 지탄을 받는 모습을 볼 수 있다. 현실의 부조리한 모습은 외면하고 덮어둔 채 공허한 이야기만 늘어놓는다는 이유에서다. 그러나 우리가 생각해 보아야 할 것은 우리가 살면서 평생 좋은 환경에서 성공만을 거두며 살 수는 없다는 점이다. 또한 같은 최악의 환경에 놓여도 어떤 사람들은 그것을 극복하고 좋은 결과를 얻고 성공을 거두는가 하면, 어떤 사람들은 그 환경에 매몰되어 실패를 거듭하고 최악의 선택을 하게 된다는 점이다.

월리 로먼의 실제 모델은 저자 아서 밀러의 삼촌인 매니 뉴먼이다. 그는 대공황 시절 사업 실패를 비관해 자살했다. 월리 로먼은 대공황 시절의 가장의 모습일 뿐만 아니라 지금의 가장들의 모습이기도 하다. 그때보다 경제적으로 풍요로운 삶을 살고 있는 지금도 가장들의 모습은 그때와 변함이 없다. 빠르게 변화하는 사회에 적응하지 못하고 도태해 소외감을 느끼는 것은 물론 조직의 부품이 되어 한동안 소모되다 버림을 받는다.

이렇듯 우리에게 주어지는 현실은 언제나 치열하고 냉혹하다. 중요한 것은 난관에 부닥치고 상처를 받을 때 '왜 나에게 이런 일이 일어나는가' 라고 비관하기보다 그것을 극복하기 위한 최선의 선택을 해야만 한다는 것이다.

우리는 관직에서 쫓겨나 18년간 유배생활을 하며 508권의 저서를 남긴 다산 정약용을 통해 현명한 삶의 자세를 배울 수 있다. 그는 11년간 벼슬자리에 있었고 18년 동안 유배생활을 했다. 온갖 모함, 누명, 배신을 경험했고, 자식의 죽음까지 겪었으니 그의 상처는 이루 말할 수 없었을 것이다. 아마 웬만한 사람이라면 월리 로먼처럼 자살이라는 극단적인 선택을 했거나 아니면 모든 것을 포기하고 죽은 것처럼 살았을 것이다. 그러나 정약용은 총 508권의 저서 중 대부분을 유배 기간 동안 집필했고, 48권으로 된 목민심서도 이때 집필했다.

대부분의 사람들은 유배를 삶의 나락으로 받아들였겠지만, 정약용은 그것을 도약의 발판으로 삼았다. 그는 양반 가문에서 태어나 백성의 삶을 직접 체험할 기회가 별로 없었지만, 유배지는 그에게 백성의 삶을 체험할 수 있는 소중한 장이었다. 이는 그의 사상에 지대한 영향을 끼쳤고 저술의 밑거름이 되었다.

정약용은 삶에서 겪을 수 있는 모든 상처를 안고 있었지만 자신의 삶이 상처로 인해 파괴되도록 하지 않았다. 상처가 자신의 삶을 지배하도록 놔두지 않았던 것이다.

상처에 관한 강의를 하거나 상담을 하다보면 자신의 삶에 대해 회한을 갖고 있는 사람을 수없이 본다. 인생에서 어느 한 시점이 아니라 전반적으로 그런 느낌을 갖고 있었다. 이것은 막연한 느낌이 전체를 지배하고 있어서 그렇다.

어느 날 무심히 바라본 하늘이 온통 석양으로 물들어 있는 장면을 본다거나 길가에 핀 꽃에 나비가 살포시 앉아 있는 모습을 보고 잠시 그 광경에 취해 순간적으로 인생이 아름답다는 생각을 한 적이 있다. 그런 날은 그저 이유 없이 행복했다.

생각해 보면 우리 삶은 나쁜 일보다 좋은 일이 더 많다. 그러나 우리의 기억창고 속에는 나쁜 일이 더 선명하게 그리고 오래도록 남아 있어 좋은 일은 상대적으로 희미해서 회한이 남는 것이다.

상처를 받으면 한동안은 아무것도 할 수 없고 힘들지만 시간이 지나면 우리는 다시 일상으로 돌아간다. 그리고 상처의 후유증을 계속 앓기는 하지만 시간이 흐름에 따라 상처는 조금씩 옅어진다. 우리의 정신은 우리가 생각하는 것보다 강하기 때문이다.

자기 연민은 상처를 더 깊게 할 뿐이다. 상처받은 내 처지에 대한 스스로의 연민이 클수록 우리는 상처에 얽매여 살게 된다. 자기 연민의 크기와 상처의 깊이는 비례하기 때문이다.

그러니 생각을 좀 바꾸면 어떨까. 우리는 우리의 선택과 자유의지에 따라 우리 자신의 행복한 삶을 리드해갈 수 있다. 사랑도 마찬가지다. 의무적인 사랑이나 수동적인 사랑은 때로 우리를 불행하게 하기도 한다.

그리스 신화에는 적극적인 구애를 거절한 요정 다프네의 이야기가 있다. 큐피드 화살에 맞은 아폴론은 아름다운 요정 다프네를 사랑하게 되고 그녀를 뒤쫓는다. 도망치는 다프네는 자신의 아름다운 외모가 문제라면 차라리 추악한 외모일지라도 자신만의 삶을 살 수 있는 자유를 선택한다. 그래서 아폴론에게 붙잡히기 직전 월계수로 변해 수동적인 사랑의 굴레에서 벗어난다.

우리에게는 사랑할 권리도 있지만 사랑하지 않을 권리도 있다. 그러나 사랑하지 않을 권리에 대해 우리는 책임감을 느낀다. 이 또한 우리가 인식하지 못하는 우리 내면의 심리 중의 하나다. 가족과의 관계에서도 의무감으로 인해 괴로움을 겪는 경우가 종종 있다. 또한 이는 일에도 적용된다. 사랑, 가족, 일, 이 모두는 우리의 행복한 삶을 위해 꼭 필요하지만 이것이 우리 삶 전체를 지배하게 되면 오히려 불행과 상처의 원인이 되기도 한다.

독일의 소설가이자 극작가인 하인리히 뵐의 《노동윤리의 몰락에 대한 일화》 중에 이런 이야기가 있다.

유럽의 어느 항구 부둣가에 한 늙은 어부가 고기를 잡고 일찍 들어와 자신의 배에서 졸고 있었다. 이때 도시에서 온 관광객이 관광을 하다가 고기를 잡기에 좋은 날씨인데도 고기는 잡지 않고 졸고 있는 어부를 보고 왜 고기를 더 잡지 않는지를 물었다. 어부는 모레까지는 나가지 않을 정도로 잡아서 나가지 않는 거라고 대답했다.

관광객은 어부의 너무나 소박한 생각에 답답한 마음이 들어 더 나가서 고기를 잡으면 더 많은 돈을 벌 수 있고, 돈을 많이 벌면 범선을 사고 공장을 짓고 레스토랑을 차릴 수 있지 않겠냐고 장황하게 설명을 했다.

그러자 노인은 그렇게 많은 돈을 벌면 자신이 어떻게 되는지를 물었다. 관광객은 돈을 많이 벌면 이 항구에 편히 앉아서 햇빛을 즐기면서 바다를 감상하며 졸고 있을 수 있다고 대답했다. 그 말에 노인은 이렇게 말했다. "나는 이미 그렇게 하고 있지 않소."

노인 어부는 자신의 삶에서 일과 휴식을 적당하게 배분하는 일상을 선택하고 만족하며 살고 있다. 많은 돈을 벌고 성공하기 위해 열심히 일하는 것이 최선이라는 일반적인 원칙이 노인에게는 해당되지 않는다.

그러나 우리 주위를 둘러보면 많은 사람이 정해진 규칙과 성과에 목숨을 걸고 일에 매달려 산다. 그렇게 되면 궁극적으로는 행복한 삶을 위해 돈을 벌고 일을 하는 것임에도 스트레스에 시달린다. 더욱이 삶이 힘들고 행복하지 않다. 그리고 그 과정에서 좌절과 시련을 겪으며 얼마나 많은 상처를 받게 되는가.

독일의 비사회적 성향의 극작가 베르톨트 브레히트의 〈코카서스의 백묵원〉은 관계의 고정관념을 깨트리는 희곡이다.

반란이 일어나 총독이 살해당하자 총독 부인은 값나가는 물건을 챙기느라 어린 아들 미하엘을 버려둔 채 도망쳐버린다. 하녀 그루쉐는 자신이 대신 미하엘을 맡아 온갖 어려움을 겪으면서도 꿋꿋이 키운다. 그녀는 친모는 아니지만 진심으로 미하엘을 사랑하고 미하엘에게 호적상의 아버지를 만들어주려고 임종 직전의 병자와 형식적으로 결혼하는 등 헌신을 다한다.

반란이 끝난 후 총독 부인은 재산상속 때문에 아이를 데려가려 하고 그루쉐는 사랑으로 키운 미하엘을 주고 싶어 하지 않는다. 이 때문에 재판이 열린다. 재판관은 분필로 원을 그리게 하고 그 안에 미하엘을 들어가게 한 뒤 두 여인이 양쪽에서 잡아당겨 끝까지 손을 놓지 않는 사람이 아이를 데려갈 수 있다고 명령한다. 총독부인과 그루쉐는 아이를 데려가기 위해 팔을 잡아당기고 그루쉐는 아이가 고통받는 것을 견딜 수 없어 손을 놓는다. 재판관은 그루쉐를 진정한 어머니라고 판결을 내리고 아이를 그녀에게 보낸다.

이 희곡은 낳은 정과 기른 정 중 무엇이 우선하는지를 논하는 것이 아니라 누가 아이에게 진정한 어머니인가를 보여줌으로써 관계에 대한 고정관념을 무너뜨린다.

우리는 살아가면서 보이지는 않지만 엄연히 존재하는 관계의 틀에 얽매일 때가 많다. 한쪽이 밥을 사면 다음번에는 다른 한쪽이 밥을 사는 것이 당연하다고 생각한다. 누군가를 만나러 그쪽으로 가면 다음번에는 그가 이쪽으로 만나러 와주는 것이 당연한 예의인 것처럼 생각한다. 또한 내가 올린 글에 댓글을 달아줬으니 그 사람의 글에 짤막한 댓글이라도 달아주어야 앞으로 내가 올리는 글에 반응을 해줄 것 같고, 지난번 그에게 어려운 일이 있었을 때 내가 도움을 주었으니 그도 나에게 이 정도는 해줄 것을 기대한다. 이런 심리들이 원만한 사회생활을 위한 관계의 원칙으로 은근히 자리잡고 있다. 그래서 이 균형관계가 깨지거나 지켜지지 않으면 왠지 기분이 나쁘고 손해를 보는 듯한 느낌을 받는다. 또한 마음에 없어도 의무적으로 이런 원칙을 지켜나가기도 한다.

하지만 이런 의무감이나 원칙에 매달리다보면 자신에게도 스트레스일 뿐만 아니라 보상받지 못하면 더욱 큰 스트레스가 된다. 사람과 사람 사이의 관계의 조임과 풀어짐, 갈등의 해결은 통용되는 원칙보다 자신의 방식대로 하는 것이 정답일 수 있다. 원칙과 규칙에 매달리다보면 그로 인해 상처를 받고 오히려 안 좋은 결과를 얻을 수도 있다.

우리 삶의 주인은 타인이 아니라 우리 자신이다. 삶을 어떻게 꾸릴 것인가도 우리 자신에게 달려 있다. 인생을 살다보면 원칙대로 흘러가기보다는 생각지 못한 변수가 너무나 많고, 마음먹은 대로 될 때보다 되지 않을 때가 훨씬 많다. 그래서 언제나 수정과 변경을 대비해야 한다. 중국 전국시대 법가사상가인 한비자는 목각인형을 만들 때 눈은 작게 코는 크게 만들라고 했다. 그렇게 해야 수정이 가능하기 때문이다. 우리 삶도 마찬가지다. 삶이 마음대로 되지 않는 것에 대비하고 마음의 준비를 할 때 상처를 덜 받고 그 이후의 삶을 제대로 살아나갈 수 있다.

상처로 인해 어긋나는 일상이 반복되면 시간이 지난 후에 그때는 행복하지 않았다는 기억만 남게 마련이다. 그러한 기억들이 우리의 삶을 지배하지 않고 타인과 환경에 휘둘리지 않도록 자신만의 삶을 위한 플랜을 세우고 행복의 시간을 연장해야 한다. 이는 남들이 모두 따르는 원칙이 아닌 자신의 주관에 따라 수정하고 변경하는 삶을 살 때 가능하다.

우리는 영화나 드라마를 보면서 해피엔딩을 기대한다. 주인공 남녀가 고난 끝에 사랑을 이루어야 기분이 좋고, 불행했던 주인공이 마침내 성공을 거두고 행복한 결말을 맞이해야 왠지 보람을 느낀다. 개중에는 일부러 엔딩을 미리 알아보고 보는 사람도 있다. 불행한 결말을 보면 자신도 불행한 느낌이 들고 카타르시스를 느낄 수 없기 때문이다.

그러나 많은 사람이 자신을 위한 해피엔딩에는 소극적이다. 상처로 인해 일상이 어긋나는 것을 보면서도 마음을 다잡고 앞으로 나아가지 못한다. 잘못된 것을 수정해야 밝은 내일을 맞이할 수 있는데도 말이다.

내 상처를 마주하고 그것을 치유하기 위한 노력을 해야 하는 것은 내 자신을 위한 것이며, 동시에 다른 사람들을 내 안에 다시 받아들이기 위한 것이다.

우리가 살아가면서 맺는 관계는 존재의 본질이며 개인은 전체와 연결되어 있다. 우리 모두는 소중한 독립적인 존재이지만 다른 사람과 함께 더불어 살아가게 되어 있다. 이것은 우리 모두에게 주어진 운명이다.

영국의 시인 존 던은 〈누구를 위하여 종은 울리나〉에서 이렇게 읊었다.

그 누구도 온전한 섬이 아니다.
모든 사람은 대륙의 일부분, 전체의 부분이다.
(중략)
그 누구의 죽음도 나를 줄어들게 한다.
왜냐하면 나는 인류에 개입되어 있으니까.

우리 삶에는 나쁜 일보다 좋은 일이 더 많다.
다만 우리의 기억창고 속에는 나쁜 일이 더 선명하게
그리고 오래도록 남아 있어 좋은 일은 상대적으로 희미해서
나쁜 일이 더 많은 것처럼 느껴지는 것이다.

우리가 다른 사람들과 연결되어 있는 만큼 그 누구도 상처에서 자유로울 수는 없다. 우리는 상처를 받기도 하지만 남들에게 상처를 주면서 살고 있다. 그렇다면 중요한 것은 우리의 일상과 함께하는 상처에 대해 잘 알고 잘 대처해 나가야 한다는 점이다. 또한 내가 상처를 받으면 아픈 만큼 남들에게도 상처를 주지 말아야 한다는 것이다.

이제 그 준비를 위해 먼저 내 상처를 들여다보고 내면에 존재하는 상처와 마주할 필요가 있다.

어떤 상처가
나를 괴롭히는 것일까?

01

열등감은 감출수록
우리 삶을 지배한다

나 자신에게 더욱 집중하라. 언제나 나를 1순위에 두어라.
다른 이의 삶에 한눈팔며 살기엔 내 인생이 너무 소중하다.
서윤진의 《흔들리는 나에게 필요한 한마디》 중에서

삶이 힘들다고 말하는 사람들과 대화를 나눠보면 90퍼센트는 상처 때문에 고통받고 있다. "왜 힘드세요?"라고 질문해 보면 대부분 힘든 원인이 누군가를 향해 있다. 그 누군가는 바로 자신에게 상처를 준 사람이다. 그렇다면 우리는 대체 누구에게 왜 상처를 받는 것일까?

여교사를 대상으로 상처를 주제로 강의를 한 적이 있다. 그중 한 교사는 자신이 가르치는 과목이 국영수처럼 비중 있는 과목이 아니어서 뒤처지는 기분이 든다고 했다. 주요 과목 교사들끼리 회식을 하고, 학교는 국영수 위주로 돌아가는 것이 자신에게는 상처가 된다고 했다. 사실 이런 상황은 실직을 했거나 사고로 소중한 사람을 잃은 것 등에 비하면 힘든 축에도 끼지 못하니 쉽게 공감이 가지는 않는다.

그러나 중요한 것은 그녀는 자신이 상처를 받았다고 생각한다는 점이다. 그녀가 자신이 가르치는 과목을 스스로 어떻게 평가하는지와는 전혀 상관없이 주요 과목을 가르치는 교사들에게서 상처를 받은 것은 분명하다. 그들과 비교해 보자니 자신이 가르치는 과목이 초라해 보이고 그들만 주목받는 듯한 모습에 위축감이 드는 것이다.

그러나 다른 교사들은 그녀가 이렇게 상처받고 있는지 전혀 모를 것이며, 또한 상처를 주려고 한 적도 없을 것이다. 이 상처는 결국 그녀 스스로 만들어낸 것이다.

대학의 전공과목은 그녀가 선택한 것이며, 교사라는 직업도 그녀 자신의 선택이었다. 주요 과목 교사들이 자기들끼리 회식을 하고 대화를 했다면 그것은 필요에 의한 친목과 업무의 연장이었을 것이다. 그 무리에 끼지 못하는 상황에 대해 서러움을 갖게 된 것은 그녀의 개인적인 감정이다.

그렇다면 그녀는 왜 서러움을 느끼게 된 것일까? 그녀와 여러 가지 이야기를 나눠 보았는데 그녀는 대학에 갈 때 다른 과를 가고 싶었다고 했다. 그러나 성적이 모자라서 가고 싶은 과에 가지 못하고 지금의 전공을 선택했다고 한다. 그것이 결국 열등감으로 남았고 지금 그녀의 발목을 잡고 있는 것이다.

열등감은 드러낼 수 없는 애물단지다. 나 자신을 지독히 사랑하면서도 지독히 측은해하는 나 자신의 실체다. 우리는 남보다 자신이 못하다고 인식할 때 열등감을 느낀다. 이 열등감은 상처로 이어진다.

자신이 무엇인가를 못하는 것은 문제가 되지 않지만 남보다 뒤떨어지는 것은 문제가 된다. 그러므로 열등감의 본질은 바로 상대적이라는 것이다.

우리가 알고 있는 위인들 중에는 지독한 열등감을 갖고 있던 사람이 많다. 제2차 세계대전 중 600만 명의 유대인을 학살한 아돌프 히틀러는 심한 열등감을 갖고 있었다. 가난, 술주정뱅이 아버지, 심약한 어머니는 그에게 큰 열등감이었다. 20세기 최고의 언어학자인 비트겐슈타인은 히틀러와 국립실업학교를 함께 다녔는데 그는 부유한 실업가의 아들로 유대인이었다. 히틀러는 부유하고 고상한 부모를 가졌다는 이유로 그를 미워하고 이미 갖고 있던 유대인을 향한 증오심이 더욱 불타오르게 되었다. 결국 그의 열등감은 유대인 대학살이라는 역사적 비극을 낳았다.

조선의 제21대 왕 영조는 유능한 국왕으로 많은 업적을 남겼지만 한편으로 자신의 아들을 뒤주에 가둬 죽이는 전대미문의 과오를 남겼다. 영조의 어머니는 천한 무수리 출신이었는데 영조에게는 그것이 평생의 열등감이었다. 그는 신하들이 자신을 무시하지 못하도록 왕권을 강화했고 일에 매달렸으며 결국 마음에 들지 않는 아들을 용서하지 않고 잔인한 방법으로 죽였다. 그의 열등감은 가정의 비극은 물론 역사의 비극으로 남았다.

세계적인 문호 셰익스피어는 정식 대학교육을 받지 못했다는 편견에 시달렸는데, 그 자신도 이에 대해 열등감을 갖고 있었다.

작곡가이자 지휘자인 구스타프 말러는 체코에서 태어난 오스트리아계 유대인이다. 그는 오스트리아 구성원에도 끼지 못했고 독일에서 활동할 때는 독일어를 쓰면서도 이방인 취급을 받았다. 또 어머니를 학대하는 아버지로 인해 고통 속에서 살았다. 그는 평생 가족으로 인한 열등감과 인종적 열등감을 떨쳐내지 못했다. 그의 음악은 염세적인 경향을 많이 띠는데 이런 정신적인 고통이 영향을 미쳤을 것이다.

이렇게 세계적으로 큰 명성을 얻은 인물들도 평생 열등감 속에서 살았고 그것이 삶을 지배하기도 했다.

우리는 다른 사람들의 열등감은 헤아리고 이해한다. 그러나 자신의 내면에 웅크리고 있는 열등감은 알고 싶어 하지 않는다. 그것을 밖으로 꺼내는 것 자체가 상처이기 때문이다.

그러나 이 열등감은 내면에 감출수록 우리 마음속에서 자라나 자신과 삶을 갉아먹고 심지어 남에게 해를 입히기도 한다.

만약 당신의 내면에 어떠한 열등감이 존재하고 있다면 과감히 그것을 밖으로 꺼내 공개하는 순간 열등감은 오히려 당신의 삶에서 자취를 감추게 될 것이다.

자신이 무엇인가를 못하는 것은 문제가 되지 않지만
남보다 뒤떨어지는 것은 문제가 된다.
그러므로 열등감의 본질은 바로 상대적이라는 것이다.

열등감은 변형된 형태로
모습을 드러낸다

어떤 사람이 열등감 때문에 주저하고 있는 동안
다른 사람은 실수를 통해 뛰어난 능력을 발휘하고 있다.
헨리 링크

우리는 남보다 내가 못하다고 느낄 때 열등감에 사로잡히게 된다.
내가 못하다는 것은 누군가와 비교하고 있는 것이다. 실제로 우리
는 살면서 끊임없이 남과 자신을 비교한다.

단지 자신이 뒤떨어지는 것 자체는 큰 문제가 되지 않지만, 남
과 비교해서 뒤떨어진다고 생각되면 그것은 열등감으로 자리잡
는다.

만약 이 열등감이 그저 감정적인 문제로 남아 있으면 괜찮은데
문제는 그렇지 않다는 점이다. 열등감을 느끼는 자신을 보호하기
위해 감정은 곧 행동으로 연결된다.

그 행동은 세 가지 속성을 갖고 있는데 방어, 유지, 대체의 측면으로 설명된다.

우선, 방어의 속성을 사하라 사막에 살고 있는 개미로 설명해 보겠다.

보통의 개미들은 무리를 지어 이동하는데 사하라 사막의 개미들은 혼자 다닌다. 개미가 하루에 움직이는 거리는 200미터 정도로 우리 기준으로 보면 매우 짧은 거리이지만, 사람의 신체로 환산해 계산해 보면 약 50킬로미터에 해당된다.

사하라 사막의 개미들이 지형지물 없는 사막에서 홀로 길을 잃지 않고 집으로 돌아올 수 있는 이유는 자신의 걸음 수를 세기 때문이다. 이것은 항법 장치에 쓰이는 계산법과 유사하다. 이들이 걸음 수를 세는 것은 길을 잃을 것에 대비한 불안 심리 방어기제다.

우리는 불안감을 느끼면 그것에 대항해 방어할 여러 가지 방법을 마련한다. 예를 들면 자신의 열등감이 공격당하면 상처받는 동시에 보복 심리가 고개를 쳐든다. 이는 마치 집으로 돌아가지 못할까봐 필사적으로 걸음 수를 세는 개미의 본능과 같다.

다음으로 유지의 속성은 세 가지 행동 중에서 가장 이기적이라 할 수 있다.

우리는 자신이 믿고 싶은 것만 믿는 '확증편향'을 갖고 있다. 이런 속성을 자기 주관이 뚜렷하고 소신 있는 것으로 생각할 수 있지만, 실은 그렇지 않은 경우가 더 많다. 이것은 자신이 믿고 싶은 것을 방해하는 어떤 현상이나 조언, 증거 등은 모두 무시해버리려는 경향을 갖고 있기 때문이다.

이는 부모들의 자식에 대한 애정으로 쉽게 설명할 수 있다.

부모들은 자식의 잘못된 행동으로 인해 나온 결과에 대해서 절대 그럴 리 없다고 강하게 부정한다. 누가 봐도 그럴 수 있음에도 그 부모만은 아니라고 하면서 받아들이지 않는다. 이것은 자신의 성과물에 대한 뿌리 깊은 신뢰일 수 있지만, 그보다 자식의 성장 과정에서 봤던 장점을 포기하고 싶지 않기 때문이다.

우리는 내가 상대방보다 못한 부분이 있을 때 그것을 알고 있지만 내심 인정하고 싶어 하지 않는다. 내가 알고 있는 나의 부족한 부분보다 다른 부분에 대한 믿음이 더 강하기 때문이다. 또한 우리 내면에 엄연히 존재하고 있는 열등감을 믿으려 하지 않는다. 알고 있지만 무시해버리고 그보다는 다른 좋은 것을 찾아 인정하려고 든다. 그러나 내게 없는 것이 생겨날 리는 없다. 그래서 내게 없는 것을 인정하기보다 그렇지 않다고 확인해 줄 증거를 찾아 열등감을 부정하려고 한다. 그러는 사이에 상처는 겹겹이 마음속에 쌓이고 만다.

마지막으로 대체의 속성이다.

사람들은 부족한 것을 다른 것으로 덮으려고 하는 속성이 있다. 학력이 좋지 못한 부자는 돈으로 부족한 학력을 덮어버리려 한다. 외모가 뛰어난 사람은 돈이 많거나 많이 배운 사람 앞에서 외모를 내세운다. 공부를 많이 한 사람은 미남 미녀는 똑똑하지 않을 거라며 은근히 경멸한다.

모든 것을 다 가진 사람이라면 상관없겠지만 현실적으로 그러한 사람은 없다. 완벽해 보이는 사람도 한두 개의 단점이나 부족한 점은 꼭 있게 마련이다. 그래서 우리는 자신이 가진 것을 내세워 못 가진 사람을 공격한다.

자신의 행동에 대한 보상 심리도 대체의 속성에 들어간다.

한국에서 며느리치고 시댁의 제사를 좋아하는 사람은 거의 없을 것이다. 제사는 15세기 무렵 조상숭배가 통치 이데올로기로 자리 잡자 가문의 위세 경쟁으로 변한 일종의 제도적 결과다. 오늘날과 같은 상차림의 격식도 이때 만들어졌으며, 모든 자손은 효의 가장 근본을 제사라고 여겨왔다. 우리나라 며느리들은 제도적 모순과 다른 핏줄의 행사라는 부담감에서 벗어나지 못한다.

그러나 그 며느리가 시어머니가 되었을 때는 이야기가 달라진다. 과거 자신이 고생했던 경험과 상관없이 며느리에게 당연하다는 듯이 제사를 요구하게 된다. 남녀 간의 불합리한 역할이나 여자에게 할당된 노동에 대한 억울했던 기억을 며느리에게 대물림하는 것으로 젊은 날의 고생에 대한 보상을 받으려 한다. 그리고 어느 정도 자족감을 느낀다.

또 학창시절 성적이 나빴던 부모는 자녀가 자신의 전철을 밟지 않았으면 하는 강한 열망을 갖고 있다. 자녀의 좋은 성적이 과거 자신의 성적을 상쇄해줄 것 같은 보상 심리에서다. 자녀와의 마찰을 불사하면서까지 공부하라고 강요하는 부모의 대부분은 그런 대체의 측면이 있다고 할 수 있다.

우리는 내면에 엄연히 존재하고 있는 열등감을 믿으려 하지 않는다.
알고 있어도 무시해버리고 그보다는 다른 좋은 것을 찾아 인정하려고 든다.
내게 없는 것을 인정하기보다 그렇지 않다고 확인해 줄
증거를 찾아 열등감을 부정하려고 한다.
그러는 사이에 상처는 겹겹이 마음속에 쌓이고 만다.

이 세 가지의 속성 때문에 열등감은 소극적인 감정으로 처리되지 않고 변형된 모습으로 겉으로 드러나 행동으로 표출된다.

열등감은 누구에게나 있다. 절대로 열등감 따위는 없을 것처럼 보이는 사람에게도 분명 존재한다. 그것은 마음 깊은 곳에서 숨죽이고 있다가 기회가 오면 그 모습을 상처로 드러낸다.

03

내 삶이 괴로운 것은
내게 무엇이 부족하기 때문일까?

'어쩔 수 없지 뭐' 라는 냉정한 시각으로 자신을 바라보라.
바로 이것이 자신의 약점이나 콤플렉스에서 벗어날 수 있는 첫걸음이다.
히로카네 켄시

"나는 상처를 잘 받는다"고 말하는 사람을 흔히 볼 수 있다. 그들의
공통점으로 소심한 성격을 들 수 있다. 성격이 소심하면 상처를 많
이 받는 것은 맞다.

소심하다는 것은 상태를 말하는 것으로 마치 우리 몸의 면역력
이 떨어지면 각종 질병에 노출되는 것과 마찬가지로 소심한 성격은
심리적인 방어력이 약한 것이라 할 수 있다.

그런데 세상에 소심하지 않은 사람은 없다. 소심할 수밖에 없는
환경에 놓이면 누구나 소심해진다.

지금 5만 원밖에 쓸 수 없는데 7만 원쯤 써야 할 상황이라면 2만

원을 어떻게 할 것인가에 대한 고민이 머릿속에서 떠나지 않는다. 그럴 때 다른 것은 신경 쓸 여유가 없다. 30분 안에 중요한 일로 목적지에 도착해야 하는데 교통이나 도로 상황이 어떻게 될지 예측 불가능할 정도로 복잡하다면 내 생각의 범위는 제시간에 갈 수 있을까에 한정된다. 입고 나온 옷이 마음에 들지 않거나 얼굴에 트러블이 심한 날은 모든 사람이 내 옷과 얼굴만 쳐다보는 것처럼 느껴져 유난히 피곤하고 신경이 쓰인다.

이렇게 상황은 만들어지고 생각은 그 상황에 충실하게 된다. 다른 생각이 끼어들지 못할 때 우리는 소심해질 수밖에 없다. 2만 원이 부족하고, 도착하기까지의 시간이 부족하고, 옷과 얼굴이 엉망인 것은 현재 내가 갖고 있지 못한 것이다.

그러나 실제로 우리에게는 없는 것보다 있는 것이 더 많다. 그런데도 없는 것이 많다고 생각하는 이유는 나에게는 없는 것이 다른 사람에게는 있기 때문이다. 없는 것은 있는 것보다 분명하고 확실하게 인식된다.

그래서 열등감은 우리 모두에게 보편적인 감정이면서 버리고 싶은 첫 번째 감정이다.

내가 상처받는 이유를 알아내기 위해서는 먼저 내게 부족한 것을 찾으면 된다. 내게 없는 것, 내가 갖고 있지 않은 것은 채워지지 않는 욕구와 결합해 상처가 되어버린다.

이제 우리는 나에게 없는 것을 찾아보는 작업을 하려고 한다.

쉬폰 블라우스, 핑크빛 캐리어, 꽃무늬 넥타이 등 있어도 그만 없어도 그만인 것을 찾는 것이 아니다. 용기, 정의감, 결단력 등의 추상적인 감정을 찾는 것도 아니다. 또한 진정한 친구, 연인처럼 좋은 사람들이 현재 나에게 어떤 의미로 존재하고 있는가를 알아보자는 것도 아니다.

우리가 찾아야 하는 것은 의식하지 못할 정도로 보편적이면서도 절실한 것들로 지극히 현실적인 것이다. 그것을 다섯 가지로 분류했다.

가족, 경제력, 학력, 외모, 능력이 바로 그것이다.

현대사회에서 이 다섯 가지는 우리가 어떤 사람인지를 알려주는 기본 정보들이다. 있어도 그만 없어도 그만이 아니라 반드시 있어야 한다고 생각하는 것들로, 모든 사람이 삶에서 소유하고 누리고 싶어 하는 삶의 구성 요소들이다.

이것들의 특징은 누구나 갖고는 있지만 어떻게, 얼마나 갖고 있느냐가 관건이 된다.

그럼, 이제부터 하나씩 살펴보기로 하자.

가족

가족은 삶의 근원이자 존재의 의미다. 또한 가족은 우리를 설명해주는 첫 번째 매체다.

예전에 부모와 자녀들이 함께 참여하는 프로그램을 진행한 적이 있었다. 프로그램 중에 가족의 상처를 알아보고 치유하는 시간을 가졌는데 가족들은 그동안 주고받은 상처에 관해 대화를 나누었다. 그 프로그램을 통해 발견한 사실은 드러난 상처들은 문제가 되지 않는다는 것이다.

부모의 잔소리, 자녀들의 반항, 형제간의 다툼, 세대 차이에서 오는 갈등 등등 자질구레한 상처들이 많았지만 이런 것들은 자연스러운 가족의 일상이었으며 치유도 어렵지 않았다. 개중에는 쉽게 풀릴 듯싶지 않은 가족들도 있었지만 시간이 좀 더 필요할 뿐 치유가 불가능한 것은 아니었다. 그러므로 이러한 가족 간의 마찰은 가족의 일상적인 문제이지 열등감이 되지는 않는다.

여기에서 말하는 가족으로 인한 열등감은 가족을 부끄럽게 여기는 것을 말한다. 자기 가족을 부끄러워한다는 사실은 남에게 말할 수 없는 부분이다.

세상의 모든 사람은 가족을 사랑한다. 가족은 숙명이므로 부끄러움마저 감수해야 한다. 그래서 그것은 열등감이 되고 드러낼 수 없기에 더 깊은 열등감으로 자리잡는다.

가족 간에도 자신의 가족에 대한 생각이 모두 같은 것은 아니다.

미워하는 방식도 사랑하는 방식도 각기 다르다. 어윈 쇼의 소설이 원작으로 오래전에 방영되었던 미국 드라마 〈야망의 계절(rich man poor man)〉에 등장하는 형제는 가족에 대한 생각과 대하는 태도가 다르다.

성실한 모범생 형 루디는 작은 빵집을 하는 부모와 형편없는 동생 톰을 부끄러워한다. 그는 성공에 대한 불타는 열망을 갖고 있으며 가난에서 벗어나고 싶어 한다. 그러나 침착하고 반듯한 성품을 가진 루디는 가족에 대한 원망을 쉽게 드러내지 않는다.

동생 톰은 본능에 충실하며 거칠지만 인간적인 따뜻함을 갖고 있다. 잦은 싸움으로 사고뭉치인 자신을 나무라는 형에게 드러내놓고 화를 낸다. 톰은 형을 자랑스러워하고 부모를 사랑하지만 자신의 마음을 표현하는 데 서툴다.

너무 다른 두 형제의 공통점은 가족을 사랑한다는 점이다. 루디는 가족을 부끄러워하지만 그렇다고 사랑하지 않는 것은 아니다. 그에게 가족은 굴레이지만 품어야 할 운명적 대상이다. 톰이 자주 말썽을 일으켜 곤경에 처하는 때가 많지만 화내고 실망하면서도 받아들인다. 주지사를 거쳐 상원의원이 되는 루디와 떠돌이 복서로 어두운 삶을 살아가는 톰은 드러난 행복과 불행 속에서 가족에 대한 애증이 얽힌다.

사랑하니까 부끄럽고 부끄러우면서도 버릴 수 없는 그들의 가족사는 그리 낯설지 않다. 우리에게도 가족이란 모든 것이 좋기만 한 존재는 아니기 때문이다.

가족은 삶의 근원적인 힘이기도 하지만 절대로 벗어날 수 없는 굴레다. "가족은 누가 보지만 않으면 내다 버리고 싶은 존재다." 이 말은 일본의 영화감독 기타노 다케시가 한 말인데, 많은 사람이 가족을 떠올리면 공감하는 말일 것이다.

특별한 환경에 처한 사람만이 가족에 대한 감정이 특별한 것은 아니다. 만일 어떤 사람의 가족에 대한 태도를 이해하기 어렵다면 그것은 나와 경우가 다르기 때문이다. 가족은 각자의 지극히 개인적인 부분이며 침범할 수 없는 사생활이다.

가족을 떠올리면 느껴지는 감정은 따뜻하다, 자랑스럽다, 부끄럽다, 애틋하다 등등 다양하다. 그중 부끄럽다는 감정은 우리의 부족한 부분에 해당한다. 가족이 상처의 원인이 되는 것은 열등감에서 비롯되며 바로 이 부끄러움 때문이다.

부모는 우리 인생에서 가장 큰 비중을 차지한다. 우리를 낳아 주셨고 길러주셨으며 우리 인생 전반에 걸쳐 가장 큰 영향력을 갖고 있는 존재다. 그러므로 부모는 우리가 사랑해야 할 첫 번째 대상이다. 그렇기 때문에 부모가 열등감의 이유가 될 때 상처는 더욱 깊어지게 된다.

부모님과의 정겨운 추억은 헤아릴 수 없이 많지만 이상하게도 강렬하게 남아 있는 기억은 가슴 찡한 것들일 것이다.

부모의 학력, 직업, 외모, 행동, 성격 등은 부모 입장에서는 그동안 살아온 자신의 인생이지만 자식들에게는 또 다른 자아다. 그래서 부모가 어떻게 살아왔는가는 외면할 수 없는 나의 현실이다.

영화 〈뮤직박스〉는 아버지의 과거로 인해 고통을 겪는 딸의 이야 기다.

형사사건 변호사 앤은 이혼 후 아들을 키우고 있다. 앤의 아버지 마이크 라즐로는 헝가리인으로 제2차 세계대전 후 미국에 온 이민 자다. 자상하고 훌륭한 인품으로 이웃의 존경을 받는 아버지가 앤 은 자랑스럽다.

어느 날 앤은 아버지가 제2차 세계대전 중에 비밀경찰 조직원으로 헝가리 유대인 학살에 가담했다는 고발장을 받는다. 죄가 인정되면 미국에서 추방되어 헝가리 법원의 재판을 받아야 한다. 앤은 아버지 의 결백을 믿어 의심치 않는다. 한없이 좋은 아버지이며 손자를 지극 히 사랑하는 아버지가 절대 그럴 리 없다는 확신을 갖고 있다. 유능 한 변호사로 자타가 인정하는 앤은 아버지의 변호를 직접 맡기로 한 다. 재판 과정에서 드러나는 유대인 학살의 현장은 매우 참혹하다. 여자들을 공개적으로 성폭행하고, 총알이 아까워서 두 사람씩 묶어 강에 던지고, 칼날을 바닥에 꽂아 그 위로 팔굽혀 펴기를 하게 하고 서서히 죽어가는 모습을 웃는 얼굴로 지켜보는 사진들을 보며 앤은 이런 잔혹함이 절대 자신의 아버지와는 연관이 없음을 굳게 믿는다.

앤은 실력을 발휘해 모든 증거를 무효로 만들고 드디어 재판에 서 이겨 아버지를 구해낸다. 마이크는 자신의 결백을 밝혀준 딸을 자랑스러워하고, 앤은 행복해하는 아버지를 보며 기뻐한다. 동네사 람들이 모여 마이크의 무죄가 밝혀진 것을 축하하는 파티를 하던 날, 앤은 헝가리에 살고 있는 마이크의 친구를 통해 손에 넣은 뮤직

박스를 열어본다. 그 속에서 나온 것은 유대인 학살 장면을 담은 사진들이었다. 그런데 사진 속에는 경찰옷을 입고 이 상황을 웃으며 보고 있는 아버지의 모습이 있었다.

앤은 배신감에 떨면서 마이크에게 사진을 보여주지만 마이크는 자신이 아니라고 부인한다. 하지만 진실 속에 숨겨진 아버지의 추악한 실체를 알게 된 앤은 노여움과 슬픔이 섞인 복잡한 심정으로 검찰에 아버지를 고발하고 사진들을 증거로 보낸다.

앤은 역사가 용서하지 못하는 세상에서 가장 부끄러운 아버지를 갖게 되었다. 그녀는 진실을 밝힘으로써 자신에게도 치부가 될 아버지의 죄를 한편으로 떠안은 것이다.

부끄러운 부모는 자식에게는 큰 열등감으로 자리잡는다. 그 열등감은 어린 시절부터 시작되며 어른이 되어서도 내내 따라다닌다.

지인 중에 아버지가 돌아가신 후 다른 사람의 첩살이를 했던 어머니가 부끄러워서 고향에 가지 않는 사람이 있다. 자신의 어린 시절을 낱낱이 알고 있는 고향은 그에게는 마치 방사선 노출 지역처럼 절대 갈 수 없는 금지구역이다.

또 학교 앞에 리어카를 끌고 와서 아이스크림을 팔았던 아버지가 평생의 상처인 사람도 있다. 그는 학교가 끝나면 가급적 아버지를 보지 않으려고 멀리 피해 다녔다고 고백했다. 학교 소풍 장소까지 와서 장사를 하는 아버지에게 늘 짜증을 냈고 아버지의 아이스크림은 절대 먹지 않았다고 한다.

또 매일 술을 마시고 들어와 어머니와 자식들에게 욕설을 퍼부었던 아버지가 싫었던 과거를 가진 사람이 있다. 그의 소원은 하루 빨리 어른이 되어 독립하는 것이었다. 결혼을 앞두었을 때 가장 두려웠던 것은 처가에 아버지를 소개하는 것이었다고 한다. 그는 차라리 아버지가 없었으면 하는 바람을 늘 갖고 살았다.

그는 어머니와 아버지가 돌아가시면 이 모든 것에서 벗어날 것이라고 생각했지만 열등감은 사라지지 않고 상처로 모습을 바꿔 마음속 한구석에 자리잡았다. 그것은 비만 오면 쑤셔대는 신경통처럼 가끔씩 도져 자신을 괴롭힌다고 말했다.

부끄러움은 문제가 되지 않지만 그로 인해 생기는 열등감은 확대의 여지가 있으므로 문제가 된다. 열등감은 정상적인 행동에서 벗어나게 하기 때문이다.

열등감이 상처가 되지만 상처가 열등감이 될 수도 있다.

성장 과정에서 부모에게 받은 상처 중 가장 큰 것은 바로 '폭력'이다. 신체에 해를 가하는 폭력뿐 아니라 언어적인 폭력도 해당된다. 때리고 욕하는 부모 입장에서는 사랑의 방식이라고 하겠지만 당하는 자식 입장에서는 절대로 그렇지 않다.

예전의 부모들은 자식을 자주 때렸다. 자식을 때리는 것은 부모의 권한이며 사회적으로 지탄받을 일이 아니었다.

상담자 중에 어린 시절 아버지에게 자주 맞았던 사람이 있다. 그는 지금도 아버지가 싫고 맞고 자란 자신의 과거도 부끄럽다고 말했다. 지금도 고상한 부모님 밑에서 잘 자란 사람을 보면 열등감을 느끼고 맞고 자란 자신의 과거를 지우고 싶다고 한다.

요즘은 폭력이 사회적으로 큰 문젯거리로 인식되지만, 아직도 자녀에게 체벌을 가하는 가정이 많고 언어폭력을 가하는 가정도 많다. 항상 남과 비교하고 노력을 강요하는 것도 일종의 폭력이다.

사사건건 잔소리하고 일상생활까지 통제하는 어머니가 견디기 힘들었던 어린 시절을 갖고 있는 사람들은 어떤 상황에서도 자녀의 입장을 이해하고 지지해주는 어머니를 가진 친구가 늘 부러웠을 것이다. 행동이 자유롭고 모든 것을 부모에게 이야기하는 친구를 보면 자신의 부모는 감추고 싶은 존재였을 것이다.

어떤 부모가 좋은 부모라고 정해진 틀은 없다. 부모 10계명, 이런 부모가 되자, 21세기의 부모 등 올바른 부모의 모습에 대한 지침은 넘쳐나지만, 명심해야 할 것은 가장 좋은 부모는 자녀에게 상처를 주지 않는 부모라는 점이다.

회사를 통째로 물려주거나 모든 것을 다 해주는 부모라 해도 자녀에게 상처를 주지 않는다고 할 수는 없다.

자녀에게 부모가 열등감이 되는 것처럼 부모도 자녀가 부끄러울 수 있다. 요즘 젊은이들이 가장 듣기 싫어하는 단어 중 하나가 '엄친아'다. 엄마 친구의 잘난 아들딸은 엄마에게나 자식에게나 전혀 도움이 되지 않는다. 내 자녀는 잘되지 못했는데 아는 사람의 자녀들이 잘되는 것은 사촌이 땅을 사는 것보다 훨씬 배가 아프다.

자녀가 성적이 좋지 못하면 아무리 초연하려고 노력해도 마음대로 되지 않는다. 만약 친척 중에 공부를 잘하는 아이가 있으면 명절날 그 집에는 별로 가고 싶지 않을 것이다. 학부모 회의에 가도 공부 잘하는 자녀의 엄마는 매우 당당하다. 이는 사실 부모의 자책감이지만 내가 왜 이까짓 일에 당당하지 못해야 하는가에 대한 회의는 열등감으로 이어진다.

이럴 경우 부모와 자식은 서로에게 상처가 된다. 거기에 더 문제가 되는 것은 자식에 대해 모든 것을 알고 있다는 부모의 확신이다. 이는 상당히 위험하다.

헤르만 헤세의 소설 《수레바퀴 밑에서》에는 위험한 아버지가 등장한다. 그는 아들의 내면을 이해하려 하지도 않고 전혀 알지 못한다. 소설에 나오는 아버지에 대한 묘사는 많은 부모의 모습과 닮아 있다.

"그가 지녔던 정서는 이미 오래전에 먼지가 되어버렸다. 한가족 의식과 자기 아들에 대한 자부심, 이따금 가난한 사람들에게 베푸는 즉흥적인 자선, 이러한 것들이 겨우 그의 정서 가장자리를 메우고 있다."

소설의 주인공 한스는 매우 총명해서 동네 사람들의 주목을 받는다. 한스가 성공할 것에 대해 의심하는 사람은 아무도 없다. 한스는 그 당시 출세와 명예가 보장되는 신학교에 진학한다. 그러나 선

천적으로 섬세하고 감성적인 한스는 엄격한 학교에 적응하지 못한다. 한스는 마침내 신경쇠약에 걸려 집으로 돌아오고 그날부터 아버지의 기대와 인정에서 멀어진다. 결국 한스는 삶의 의욕을 잃어버리고 죽음으로 짧은 생을 마감한다.

강한 성격을 가진 한스의 아버지는 경쟁을 견디지 못하는 아들을 이해하지 못한다. 한때 자랑스러웠던 아들은 그에게 부끄러운 존재가 된다. 그는 매우 상심하게 되고, 그의 상심은 한스에게 고스란히 전해진다.

자녀에 대한 불신은 아무리 감추려고 해도 감춰지지 않기에 자녀는 자신이 신뢰받지 못하고 있다는 것을 느끼게 된다. 그렇게 되면 부모와 자녀는 서로 다른 곳을 바라보며 좁혀지지 않는 평행선상에 머물게 된다. 그러나 남들에게는 그러한 관계를 절대 보이고 싶어 하지 않게 마련이다. 결국 그들은 서로에게 열등감의 원인으로 존재하게 된다.

그렇다면 우리 자신은 어떠한가?

나는 내 가족을 어떻게 생각하는가?

혹시 가족이 내게 열등감의 원인은 아닌가?

이에 대해 우리 내면의 본심을 한번 들여다보자. 뒷장에 가족에 대한 열등감을 알아보는 체크리스트가 있다.

뒤의 문항들에 몇 개를 체크했는지 셀 필요는 없다. 체크를 하면서 생각할 시간을 갖고 내 안의 진심을 알아보는 것이 핵심이다. 지금부터 펜을 들고 시작해 보자.

● 나는 부모님에 대해 말하는 것이 자랑스럽다. ☐

● 나는 부모님을 언제든지 다른 사람들에게 소개할 수 있다. ☐

● 나의 부모님은 항상 나를 믿어주셨다. ☐

● 나의 성장 과정 중에 숨기고 싶은 것은 없다. ☐

● 나의 형제자매의 현재 상태는 만족스럽다. ☐

● 나의 가족은 나를 돋보이게 해주는 존재들이다. ☐

● 나의 가족은 내 성장의 근원이다. ☐

위의 문항들에 표시를 하는 동안 잠시 '내 가족'을 떠올릴 수 있었을 것이다. 그리고 많은 생각과 느낌이 스쳐갔을 것이다.

가족은 우리에게 정서적으로 가장 친밀한 존재이면서 가장 깊은 상처를 줄 수 있는 대상이다. 또한 끊어낼 수도 없으며 마냥 미워할 수도 없으므로 우리 내면에 가장 깊숙이 존재하는 열등감의 근원이 될 수 있다.

한국은 고학력 국가로 한국의 교육열은 세계적으로 유명하다. 미국의 오바마 대통령이 한국의 교육에 대해 배워야 한다고 한 것은 정책이 아니라 교육열을 말한다. 교육열이 높다는 것은 교육에 대한 의존도와 기대치가 높은 것이며, 곧 학력이 사람을 평가할 때 큰 비중을 차지한다는 의미다.

우리나라의 교육열은 유서가 깊다. 조선시대 한석봉의 어머니는 어둠 속에서 쓴 아들의 글씨를 보고 아직 멀었다고 하면서 타고 갈 차도 없던 시절 밤길에 아들을 돌려보냈다. 6.25 전쟁 중에 피난지인 부산에는 동네마다 천막 교실이 있었고, 전쟁이 끝났을 때 폐허 속에서도 가장 먼저 문을 연 것은 학교였다.

또 시골에서는 소를 팔아 공부시키는 것이 최고로 가치 있는 일이었으며, 그 돈으로 도시로 올라온 자식들은 오로지 공부에 매달렸다. 아무리 가난해도 명문 대학에 다니는 자식이 있으면 부러울 것 없는 부모들의 지적 욕망은 부모대를 거쳐 자식이 부모가 되어서도 변하지 않았다. 많이 배운 부모는 대학은 당연히 가야 하는 것으로 생각했고, 배우지 못한 부모는 못 배운 한을 너무도 잘 알기에 자식만은 어떻게 해서든 좋은 학교에 보내려고 했다.

지금도 이런 세태는 크게 변하지 않았다. 학력에 상관없이 취업할 수 있는 기회를 정책적으로 펼쳐도 이력서에 한 줄이라도, 이왕이면 고학력으로 채우기 위해 모두 고군분투하고 있다. 제대로 살려면 우선 배울 만큼 배워야 한다는 것은 사회의 암묵적인 원칙이 되었다.

상처에 관한 강의를 하던 중에 학력과 지적만족도에 대한 설문 조사를 한 적이 있다. '자신의 학력에 만족하는가'를 묻는 질문에 수강자들 대부분이 '아니오'에 답했다.

그 외에도 독서를 많이 하고 있는가, 신문을 보는가, 상식이 많은 편인가, 어떠한 대화에도 낄 수 있는가 등의 질문들이 있었지만 첫 번째 학력에 만족하는가를 묻는 질문에 비해 그다지 비중을 차지하지 못했다. 아무리 책을 많이 읽고 상식이 풍부해도 본인의 판단에 학력이 만족스럽지 못하면 지적인 충족감은 채워지지 않는다는 사실을 알 수 있었다.

그러나 반드시 대학을 졸업해야 한다는 법은 없다. 대학을 나와야 똑똑한 것도 아니고 삶을 풍요롭게 살 수 있는 것도 아니다. 대학을 졸업한 사람 중에도 책을 읽지 않고 신문을 읽지 않는 사람은 상당히 많다. 그럼에도 우리나라는 학력 위주의 사회다 보니 대학을 나오면 그렇지 못한 사람에 대해 지적 우월감을 갖는다.

그래서 학력 위조 파문이 한동안 우리 사회의 이슈가 되기도 했다. 이는 순전히 사회적인 분위기 때문이다. 당사자의 지적 욕망도 있었겠지만, 학력이 높으면 대우를 받고 그만큼 일이 잘 풀리는 풍조가 학력 위조라는 잘못된 욕망을 양산한 것이다. 미모가 뛰어난데 학력까지 좋으면 그 사람을 다시 보게 되는 것은 우리 사회에서 흔히 있는 일이다. 실제로 유명인들의 학력 위조가 밝혀졌을 때 거짓말을 했다는 것에 대한 괘씸함보다 그들이 지적인 사람이 아니었다는 실망감이 더 크게 작용한다. 지적인 이미지는 분명 모든 사람이 갖고 있는 로망 중의 하나다.

학년이 바뀔 때마다 학생들에게 작성하게 하는 가정환경 조사서에는 부모의 학력을 쓰는 칸이 있다. 사적인 내용을 공적인 서류에 쓰는 것도 이상하지만, 부모의 학력이 학생을 파악하는 데 상관이 없음에도 이는 수십 년째 이어져오고 있다. 그래서 우리 사회는 부모나 자신의 학력이 만족스럽지 못하면 여러 가지로 열등감을 가질 수밖에 없는 환경이다.

사실 대학을 졸업한 사람도 다 만족스러운 것은 아니다. 그에게는 석사 학위나 박사 학위가 없기 때문이다. 또 좋은 대학을 나오지 않은 사람이 갖고 있는 불편함도 크다. 그러나 세상에는 나보다 더 많은 학위를 따고, 더 좋은 대학을 다닌 사람이 수없이 많다.

그런데 여기서 중요한 점은 학력에 대한 열등감은 젊은이들이나 청소년들보다 어른들이 더 많이 갖고 있다는 것이다. 요즘 아이들은 성적으로 친구를 사귀지 않으며 공부 잘하는 아이들끼리 몰려다니지도 않는다. 친구의 성적이 어느 정도 되는지 정확히 알지 못하며 알려고 하지도 않는다.

자녀의 친구들 성적을 궁금해하는 사람은 오히려 부모들이다. 요즘 만학도가 늘어나 대학마다 만학도 전형이 있는 것도 이와 무관하지 않다. 학문에 대한 열정보다는 학력에 대한 갈증이 그 이유일 것이다.

40대 중반에 대학에 진학한 지인이 있었는데 그녀가 대학에 간 이유는 남편과의 학력 차이를 없애기 위해서였다. 4년 동안 대학을 다니고 졸업할 때 그녀에게 이제 열등감이 사라졌냐고 묻자 그녀는 흔쾌히 그렇다고 대답했다.

물론 늦은 나이에 공부를 하는 사람 중에는 필요에 의해 공부를 하는 사람도 있다. 누군가에게는 공부가 지적 허영심을 채우고 열등감을 해소하기 위한 수단이 아니라 생존을 위한 것일 수 있다.

실화를 바탕으로 한 영화 〈컨빅션〉에는 생존을 위해 필사적으로 공부에 매달리는 주인공이 나온다. 베티 앤과 그녀의 오빠 케니는 부모를 일찍 여의고 남매끼리 서로 의지하면서 성장했다. 어느 날 케니가 살인 누명을 쓰고 체포되어 종신형을 선고받는다. 변호사들도 포기하자 오빠의 무죄를 굳게 믿는 베티 앤은 변호사가 되어 직접 오빠를 변호하기 위해 법대에 들어간다. 그녀는 수많은 장애를 넘어서고 마침내 변호사가 되어 케니의 무죄를 밝혀낸다.

간디는 나라를 망하게 하는 7가지 악 중의 하나로 '인격 없는 지식'을 언급했다. 아무리 많이 배우고 지적으로 우월해도 인격이 없으면 아무 소용이 없다는 말이다. 그러나 인격은 배움으로 성장시킬 수 있는 부분이 있다는 주장도 사실 틀린 말은 아니다. 학력 자체가 개인의 힘이며 우월의 조건이 되어 있는 이 사회에서 학력은 비교의 대상이며 선발의 기준이므로 부족하다고 생각될 때 그것은 곧 열등감이 될 수밖에 없다.

이제 자신의 학력에 대해 스스로 어떻게 생각하고 있는지 점검해 보자. 표시를 하면서 그동안 나는 어떻게 행동했는지 곰곰이 자신을 돌아보자.

- 나는 대체적으로 똑똑하다는 평을 듣는다. ☐
- 나는 학창 시절에 성적이 좋았다. ☐
- 나의 학력에 대해 편하게 말할 수 있다. ☐
- 학력은 그 사람을 아는 데 중요하다. ☐
- 나는 내 학력에 대체적으로 만족한다. ☐
- 나는 내 학력이 자랑스럽다. ☐

학력은 우리 사회에서 중요한 잣대 중의 하나임은 부정할 수 없다. 그래서 이로 인해 상처를 받는 사람이 많은 것도 사실이다. 그러나 결코 이에 얽매일 필요는 없다. 학력보다 더 중요한 것은 진정한 실력과 살아가는 데 필요한 지혜이기 때문이다. 만약 자신의 학력이 만족스럽지 못할 경우 그것을 보충할 만한 실력으로 무장한다면 학력은 더 이상 나에게 상처를 주는 이유는 되지 못할 것이다. 학력이 높지 않아도 사회에서 성공할 수 있는 기회는 분명히 존재하니 말이다.

경제력

살아가면서 돈이 없으면 불편하고 서럽다. 우리나라처럼 부의 정도가 사람을 판단하는 데 큰 비중을 차지하는 사회라면 더더욱 서러울 수밖에 없다.

가난은 사형과 무기징역 사이의 언도되지 않은 형벌이라는 말이 있을 만큼 삶에서 절망감을 안겨주기도 한다. 돈이 없으면 불가능한 일이 많고, 돈은 또 하나의 사회적 계층을 만든다. 돈은 있어야 하지만 분쟁의 원인이 되는 파렴치한 존재다.

독일의 사회학자 게오르크 지멜은 자신의 저서 《돈의 철학》에서 돈의 파렴치함에 대해 이렇게 말했다. "돈이란 매개체를 통하면 다양하고 무궁무진한 인간의 인품은 소멸되고 살아 숨 쉬는 인간의 영혼도 상실된다."

많이 배운 사람도 잘생긴 사람도 돈이 없으면 삶이 힘들다. 돈이 인생의 전부는 아니지만 있으면 편리하고 좋은 점이 많은 것은 사실이다. 돈이 있으면 세상을 보는 시야가 달라지며, 사람들의 대하는 태도도 달라진다.

돈이 없으면 소망이 많아지지만 대개는 이루어질 가능성이 적으므로 더욱 힘들다.

현진건의 단편소설 《운수 좋은 날》에는 가난한 인력거꾼 김첨지가 등장한다. 그는 열흘 동안 손님이 없다가 오랜만에 아침부터 손님이 줄을 잇는데, 이 운수 좋은 날 운이 달아날까 두려워 취기로 불안을 다스리려고 막걸리를 마신다. 가난한 사람에게 운은 생명과도 같다. 가진 것이 없으니 운에 기대어 어떤 기회라도 잡고 싶기 때문이다.

가난한 사람은 두 부류다. 태어날 때부터 가난했던 사람과 중간에 가난해진 사람이다. 둘 다 사는 것은 고단하지만 중간에 가난해진 사람이 더욱 힘들게 마련이다. 가난에 익숙하지 않고 좋았던 시절을 맛보았기에 자신의 처지가 이전과 비교가 되어 더욱 견디기 어렵기 때문이다. 그들은 돈만 없어진 게 아니라 사람도 없어진 것을 경험해야 한다. 형제, 자매, 심지어 부모까지도 멀어질 수 있다. 핏줄도 이러한데 이웃이나 친구는 말할 필요도 없을 것이다.

가난해진 사람은 어쩔 수 없이 새로운 계층에 편입된다. 그것은 과거와의 단절이거나 자신의 처지 때문에 스스로 과거로부터 도망치는 경우도 많다. 그렇다고 다른 가난한 사람들과 쉽게 친밀한 관계를 맺는 것도 아니다. 현실을 받아들이고 어우러지기가 쉽지 않기 때문이다.

돈이 있는 곳에 사람이 모이는 것을 흔히 볼 수 있다. 반대로 돈이 없는 사람에게는 사람이 꼬이지 않는다. 이는 우리가 살아가면서 흔히 겪는 불편한 진실이다.

많은 모임에 참가하면서 수없이 보는 일이지만 아무리 사람이 좋아도 돈이 없으면 행세를 하지 못한다. 의견이 맞지 않아 마음이 상했어도 근사한 식사를 사면 저절로 풀리는 경우를 많이 보아왔다. 모임에 지각을 하거나 불성실해도 그 대가로 거하게 식사 대접을 하거나 간식을 돌리면 사람들의 마음은 쉽게 누그러진다. 주변 사람들에게 명절에 선물이라도 돌리면 그에 대한 평가는 단번에 호의적으로 바뀐다.

세상사가 이러하기에 반대로 생각하면 돈 없는 사람은 사람들과의 관계도 불편할 수밖에 없다. 돈이 없으면 사람을 만나는 것부터 부담스럽다. 신앙생활도 돈이 있어야 더 열심히 할 수 있다. 모임에 나가면 회비를 내야 하고 친구를 만나면 대부분 밥을 먹고 차를 마시며 시간을 보내게 된다. 돈이 없다고 얻어먹기만 한다면 관계는 지속되기 어렵다.

사회생활에서 사람을 만나지 못하면 음지로 내몰린다. 음지에서는 세상이 불공평해 보이고 자신에게 인색한 것처럼 느껴진다.

가난은 사람들로 하여금 소외감을 느끼게 한다. 살면서 하지 못하는 것과 안 하는 것의 차이는 매우 크다. 웰빙을 위해 채소 위주의 식단을 짜고 차를 타는 대신 걸어다니자는 말은 당장 생활비를 걱정해야 하는 사람들에게는 공허한 말이다. 명절이나 경조사도 부담스러운데 문화생활을 즐긴다는 것은 다른 세상 이야기다.

강남역 고시촌은 같은 고시촌임에도 테헤란로를 기준으로 금수저 학생과 흙수저 학생의 생활이 천양지차라고 한다. 금수저 학생은 비싼 월세의 오피스텔에서 살면서 인근의 학원에서 강의를 듣고 카페에서 공부를 하고 식사는 모두 사 먹는 반면, 흙수저 학생은 먼 지역에서 학원을 다니면서 도시락을 싸와서 먹고 몇만 원짜리 온라인 강의도 몇 명이 돈을 나누어 듣는다고 한다. 돈이 있는 사람들은 당연히 누리는 일상이 가난한 사람들에게는 범접할 수 없는 사치스런 생활인 것이다.

박완서의 소설《도둑맞은 가난》은 극명하게 대조되는 두 부류 계층의 생활상을 여실히 보여준다.

가난한 아가씨는 같은 공단에서 일하는 남자와 연탄비를 아끼려고 동거를 시작한다. 그러나 남자는 사실은 부잣집 아들이었다. 어느 날 남자는 자신의 진짜 신분을 밝히면서 이러한 생활이 자식을 강하게 키우려는 아버지의 훈련과정이었다고 말한다. 여자는 자신의 가난이 남자에게는 다채로운 삶을 경험하기 위한 하나의 이벤트였음을 알게 된다. 그녀는 부자들이 빛나는 학력, 경력만 갖고는 성이 차지 않아 가난까지 훔쳐다가 자신들의 삶을 한층 다채롭게 할 에피소드로 삼고 싶어 한다는 사실에 절망감을 느낀다.

가난이 누구에게는 처절하게 건너야 하는 현실인데 누군가에게는 먹어보지 못한 음식처럼 생소한 경험일 수 있다는 이야기가 씁쓸함을 느끼게 한다.

예전에 청와대의 점심 메뉴가 칼국수로 바뀌었다고 떠들썩했던 적이 있다. 그런데 여성잡지에 나온 레시피를 보니 결코 평범한 서민 칼국수가 아니었다. 양지머리를 푹 삶고 손으로 민 국수를 넣어 고명을 소담스럽게 얹은 칼국수는 간단한 메뉴가 아니다.

선거철만 되면 시장을 찾아 떡볶이와 순대를 먹고, 지하철을 타고, 재래시장에서 물건을 사는 정치인들의 제스처는 그것이 일상인 사람들을 씁쓸하게 한다. 가난은 이벤트도 아니고 잠깐의 일탈도 아닌 누군가의 현실이다.

여행 계획을 짜거나 쇼핑할 물건들에 대해 이야기하고 있는 사람들 사이에서 자녀들의 보충 수업비를 걱정하고 있는 사람, 40평대의 아파트가 좁다고 평수를 넓힐 궁리를 하는 사람 앞에서 월세낼 걱정을 하는 사람을 생각해 보라.

가진 것이 많으면 왜 많이 가졌는가에 대한 이유가 필요하지 않지만 없으면 왜 없는가에 대한 이유가 필요한 세상이다. 그래서 있으면 괜찮고 없으면 괜찮지 않은 것이 우리 사회의 분위기다.

상처에 관한 프로그램을 진행하면서 수강생들에게 준 질문지에 '내 경제상황을 어떻게 생각하는가' 라는 문항이 있었는데 보통이나 만족스럽다고 답한 사람보다 불만족스럽다고 답한 사람이 훨씬 많았다.

많은 사람이 이런 대답을 한 이유는 경제상황이라는 것이 상대적이기 때문이다. 가난이나 부유함을 규정짓는 절대적인 기준은 없다. 카를 마르크스는 "집의 크기는 상관없다. 다만 옆에 궁전이 들어서면 내 집은 바로 오막살이가 된다"라고 가난이 상대적인 것임을 지적했다.

사람들은 모두 자신보다 잘사는 사람을 기준으로 현재 자신의 경제 상태를 판단한다. 요즘은 여기에 불을 붙이는 것이 SNS다. 인터넷을 보면 절약하는 모습보다 소비하는 모습의 자랑으로 넘쳐나고 있다. 자신이 얼마나 비싼 것을 먹고, 얼마나 비싸고 유행하는 옷을 입으며, 얼마나 근사한 해외여행을 다녀왔는지 하루도 빠지지 않고 보여준다. 많은 사람이 그 모습을 보며 자신의 초라한 일상에 자괴감을 갖는다. 심지어 행복만 가득한 그들의 모습을 보면서 왜 자신의 삶에는 불행만 가득한지 크게 상처를 받고 비관해 자살하는 사람들도 있다.

이제 우리는 자신의 경제 상황에 대해 스스로 어떻게 생각하고 있는지 점검하고 돌아볼 시간이다. 다음 설문에 표시하면서 경제력과 진정한 행복에 대해 고민해 보라.

● 나는 돈과 우정 중에서 택하라면 우정을 택한다. ☐

● 나는 돈 때문에 서러워한 적은 없다. ☐

● 나는 돈은 없지만 내 의지로 충분히 행복할 수 있다고 믿는다. ☐

● 나는 현재 여유롭지는 않지만 쓸 만큼 돈이 있다. ☐

● 나는 저축을 하고 있다. ☐

● 나는 신용 불량과는 거리가 멀다. ☐

● 은행 대출금이 있지만 충분히 감당할 수 있다. ☐

● 나는 미래를 준비하고 있다. ☐

● 나는 돈이 인생의 전부라는 말에 반대한다. ☐

가진 게 많으면 대우받고 없으면 차별받는 세상에서 없어도 상처받지 않고 행복하게 살 수 있는 자신만의 행복론을 갖는 것은 건강한 삶을 위해 매우 중요하다.

공자는 자신의 제자 중에서 안회를 가장 총애했는데 그에 대해 이렇게 평했다. "회는 참으로 어질도다! 한 소쿠리의 밥과 한 표주박의 물로 누추한 곳에 사는 것을 다른 이들은 그 근심을 견디지 못하는데 회는 그 즐거움을 누리는구나. 어질도다. 회여!"

안회는 일평생 학문을 하고 도를 깨닫는 것에서 삶의 즐거움을 찾았다. 그래서 그는 무엇을 먹고 어디에 살든 전혀 상관하지 않았다. 가난은 자랑은 아니지만 삶의 즐거움이 분명 돈에 있는 것은 아니다. 안회처럼 가난해도 자신이 진정 추구하는 바가 있다면 삶의 질은 결코 가난하지 않을 것이다.

외모

사람을 판단하는 기준은 겉모습이 아니라 인품이어야 한다. 그러나 그것은 이론에 불과하고 실제로는 그렇지 않다. 외모는 중요하지 않으며 사람 됨됨이가 중요하다고 말하는 사람이 많지만 실제로 들여다보면 그렇지 않은 경우가 훨씬 많다. 외모가 좋은 사람에게 호감을 느끼는 것은 어쩔 수 없는 인간의 본성이다.

아무리 근사하게 꾸며도 작은 키, 뚱뚱한 몸, 희미한 이목구비는 바뀌지 않는다. 성형수술로도 커버가 되지 못하는 신체적 단점은 외형적 조건이 좋은 사람 앞에서 더욱 비교가 되기 마련이다. 어떤 사람이 지적이고 좋은 성격을 갖고 있어도 그 사람을 봤을 때 가장 먼저 눈에 들어오는 것은 외모다. "첫인상은 3초 만에 결정된다"고 하는데 이는 바로 외모를 말하는 것이다.

요즘은 예쁘고 잘생긴 사람이 너무 많다. 텔레비전을 켜면 사람이 저렇게 생길 수 있을까 싶은 연예인들이 화면마다 가득하다. 어디 방송뿐인가. 거리에만 나가도 연예인을 해도 될 얼굴과 모델로도 손색이 없을 몸매를 가진 사람이 많다. 외모에 자신이 있는 사람일수록 더 신경을 쓰고 공들여 가꾸기에 더 예쁘고 멋있다.

세계 제1위의 성형공화국인 우리나라에서 열등한 외모를 갖고 자신감 있게 살아가기란 쉽지 않다. 그래서 아나운서나 외적으로 보여주어야 하는 직업을 갖기 위해서는 고강도의 성형 수술을 받는 것은 당연시되고, 회사 면접을 위해 성형을 하는 것도 일반적인 일이다.

만일 내가 회사의 사장이거나 직원을 뽑는 직위라고 가정해 보자. 같은 조건을 가진 두 명의 후보가 있다면 이왕이면 외모가 좋은 사람을 뽑지 않겠는가.

또한 여자들에게 아름다운 외모는 큰 재산이다. 예쁜 여자는 실수를 해도 다른 사람들에게 쉽게 용서를 받으며 특별히 노력하지 않아도 관심을 받는다.

이렇다 보니 많은 사람이 근사한 외모를 갖기를 열망한다. 그 증거가 강남 압구정역 대로변 양옆으로 끝없이 늘어선 성형외과들이다. 이는 사람들이 갖고 있는 외모에 대한 열등감의 산실이라 할 수 있다.

영화 〈미녀는 괴로워〉는 외모가 바뀜으로 해서 인생이 어떻게 바뀔 수 있는지를 잘 보여주고 있다. 뚱뚱하고 볼품없는 외모 때문에 아름다운 목소리를 갖고도 무대에 서지 못하고 예쁜 여가수의 립싱크를 담당해야 했던 한나는 예쁘고 날씬한 모습으로 변신해 나타나 가수로 데뷔한다. 아름다운 외모에 노래까지 잘하자 그녀는 데뷔하자마자 인기를 한 몸에 받는다. 뚱뚱하고 볼품없을 때는 꿈꿀 수 없었던 일이 외모가 바뀌자마자 곧바로 이루어진 것이다. 또한 사람들의 반응도 추녀일 때와 미녀로 바뀌었을 때 완전히 달라진다.

성형수술을 하고 살을 뺀 여자들은 과거의 사진을 버리고 지운다. 할 수만 있다면 과거를 통째로 지워버리고 싶어 한다. 외모의 변신에 성공한 사람들에게 예전의 모습은 하나의 악몽과도 같다.

그러나 성형으로도 바꿀 수 없는 것이 있다. 바로 '키'다. 평균

신장에 못 미치는 절반의 사람들 모두가 열등감을 갖고 있는 것은 아니지만 작은 사람들은 대부분 자신의 신장에 불만을 갖고 있다. 이를 보완하기 위해 남자들에게는 마법의 깔창이 있고 여자들에게는 보기에도 아찔한 킬힐이 있지만, 그것은 일시적인 눈가림일 뿐이다. 키 작은 사람들에게 키는 영원히 해결되지 않는 숙제와도 같다.

40~50대를 대상으로 상처를 주제로 한 강의를 하면서 외모에 대한 질문을 했다. 수강자들이 가장 고민하고 있는 것은 여자들의 경우 비만이었고, 남자들은 대부분 작은 키였다. 외모는 젊은 사람들뿐 아니라 모든 세대에게 열등감이 될 수 있다.

영화 〈내겐 너무 가벼운 그녀〉는 우리에게 외모가 아닌 내면의 아름다움이 얼마나 중요한 것인지를 생각해 보게 한다.

자신의 외모는 그다지 잘나지 못했지만 여자는 무조건 예쁘고 늘씬해야 한다고 믿는 주인공 할은 우연히 유명한 상담전문가와 엘리베이터에 갇히게 된다. 둘이 이야기를 나누다가 상담전문가는 오로지 외모만 중시하는 할을 보고 안타까워 최면을 건다. 그 뒤부터 할의 눈에는 훌륭한 외모를 가진 사람은 추녀나 추남으로 보이고, 떨어지는 외모를 가진 사람들은 절세 미녀나 미남으로 보이게 된다. 이렇게 해서 할은 뚱녀 로즈마리를 절세 미녀로 착각하고 사귀게 된다. 후에 최면이 풀리고 할은 로즈마리가 미녀가 아닌 뚱녀라는 진실에 마주하게 되지만 이때 비로소 진정한 사랑이 무엇인지를 깨닫게 된다. 그리고 사랑하는 로즈마리와 평생을 함께하기로 한다.

이 영화는 외모보다 내면의 아름다움이 더 중요하다는 사실을 우리에게 말해주기도 하지만, 그와 함께 외모라는 것은 주관적인 만족감이 중요하다는 것을 일깨워주기도 한다. 사랑에 빠지거나 상대에게 호감을 갖게 되면 객관적인 미의 기준은 더 이상 효력을 발휘하지 못한다. 분명히 못생긴 사람인데 매력이 느껴지고 예뻐 보이기까지 하는 경험을 누구나 해 보았을 것이다. 또한 객관적으로 보면 훌륭한 외모를 가졌음에도 자신이 만족하지 못하고 혹독한 다이어트를 하거나 끊임없이 성형 수술을 하는 사람들을 어렵지 않게 볼 수 있다.

그렇다면 다음의 설문에 체크하면서 우리는 자신의 외모에 대해 자신감을 갖고 있는지 확인해 보자.

여기에서 현재 나의 외모를 평가할 수 있는 기준은 없다는 것을 생각하면서 체크하라. 외모라는 것은 자기만족이 가장 중요한 기준이다.

● 나는 성형을 안 했다. ☐

● 나는 앞으로도 성형을 안 할 것이다. ☐

● 사람에게 외모는 한 부분일 뿐이라고 생각한다. ☐

● 사람들이 내 얼굴을 쳐다볼 때 특별히 감추고 싶지 않다. ☐

● 매력적인 사람이 되는 것은 외모만 갖고는 안 된다고 생각한다. ☐

● 외모를 너무 중요하게 생각하면 전체적인 발전이 더디다고 생각한다. ☐

사회가 외모지상주의를 부추기는 것은 사실이지만 자신에게 만족하지 못하고 남들이 만들어놓은 잣대에 자신을 맞추려 발버둥 치며 사는 것만큼 불행한 삶도 없다. 단지 외모 때문에 나 자신을 초라하게 만들 수는 없지 않은가.

링컨은 "나이 마흔이 넘으면 자신의 얼굴에 책임을 져야 한다"라고 말했다. 자신의 외모가 아니라 이미지를 가꾸라는 말이다. 사실 우리 삶에서 외모보다 중요한 것은 남들에게 보이는 자신의 이미지일 것이다. 아무리 좋은 외모를 갖고 있어도 너무 교양이 없거나 좋은 인상을 주지 못하면 결국에는 사람들이 실망하고 외면하게 된다. 그러므로 외모 이상으로 교양과 내적인 충실함을 갖추는 것도 소홀히 해서는 안 된다.

능력

우리는 초등학교 시절부터 무엇인가가 되기 위해 공부해왔다. 누구나 잘했든 잘하지 못했든 그저 공부를 열심히 해서 훌륭한 사람이 되겠다는 결심을 한 번쯤 했을 것이다.

대부분의 사람들이 자신이 하고 있는 일에 만족하지 못하지만 그것은 주관적인 것이고, 평가받는 능력은 상당히 객관적이고 수치화되어 있다. 단지 우리가 자신의 개성과 성품만으로 존중받고 인정받는다면 세상사는 참으로 공평하고 간단할 것이다. 그러나 우리가 마주하는 세상은 어떤가?

우리가 사회에서 평가받는 개인의 능력에 대한 기준은 명확하다. 무슨 일을 하고 있는가, 어느 회사에 근무하는가, 연봉이 얼마인가, 회사에서 어떤 직위에 있는가 등등이다. 어느 직장에서 어떤 일을 하면서 얼마를 벌고 있는지로 그 사람의 능력을 평가하는 것이다.

그래서 별도의 설명이 필요하지 않고 사회적으로 인정받는 직업을 가진 사람은 어디를 가든 대접받고 자신도 당당하다. 그가 어떤 인성의 사람인지, 어떤 남편인지, 어떤 아내인지, 어떤 부모인지는 별로 중요하지 않다. 그의 직업은 그가 어떤 사람인지보다 앞에 있다.

그래서 평범한 직업을 가진 사람이나 별 볼 일 없는 직업을 가진 사람은 자신이 어떤 사람인지를 남에게 알리는 것이 간단하지 않다. "저는 착한 사람입니다", "저는 헌신적인 사람입니다", "저는 봉사활동을 좋아하는 사람입니다", "저는 재주가 많습니다", "저는 이런 특기가 있습니다", "저는 남을 배려합니다" 등의 말로는 상대에게 자신을 잘 설명하기가 어렵다. 또한 이런 말을 하는 것이 오히려 가진 것이 없어 내세우는 구차한 변명처럼 들릴 수도 있다.

그러나 "국회의원입니다", "의사입니다", "변호사입니다"라고 말하면 단 한 문장으로도 상대방은 그 사람을 다시 보게 될 것이고 분명하게 기억할 것이다.

"직업에는 귀천이 없다"는 말이 있지만 우리 사회를 보면 아직도 직업에 대한 귀천을 가리는 인식이 팽배함은 부정할 수 없다. 또한 직업은 그 사람의 능력과 바로 연결된다. 일반적으로 사람들은 어떤 직업에 대해서 사회적으로 인정받는가, 경제적인 면이 보장되는가를 중요시한다.

우리나라 부모가 자식에게 바라는 성공은 미래가 보장되는 직업을 갖는 것이다. 얼마 전까지만 해도 가족 중에 고시공부를 하는 사람이 있으면 온 집안 식구가 고시 뒷바라지를 하느라 허리가 휘었다. 합격만 하면 인생이 바뀌고 가문의 영광이기 때문이다. 또 머리가 좋으면 무조건 의사나 변호사를 꿈꾸었다. 예전에는 지능이 높은 사람은 공부로 성공하는 것이 최선이었다.

그러나 시대가 변하고 다양한 이론들이 나오면서 사회적 분위기가 크게 바뀌고 있다.

1983년 하버드 대학의 교육심리학과 하워드 가드너 교수는 '다

중지능 이론'을 주장했다. 이는 이전까지의 '지능 이론'과 달리 인간의 지능이 언어, 논리수학, 음악, 공간, 운동, 인간친화, 자기성찰, 자연친화의 8가지 능력으로 구성되어 있다고 주장한다.

기존의 IQ는 기억력, 계산력, 추리력 같은 능력만을 측정할 뿐 창의력은 측정할 수 없었다. 그러니 IQ로 알 수 있는 범위는 인간 지능의 3분의 1에 불과할 뿐이다. 그렇다면 나머지 능력이 뛰어난 사람은 굳이 의사나 변호사 말고 다른 직업을 택하는 편이 좋다는 말이 된다.

요즘은 예전보다 직업의 종류와 수가 훨씬 많아졌다. 2012년에 조사한 자료에 따르면 우리나라 직업의 수는 9,298개에 이른다. 이렇게 직업의 종류나 수가 다양해지면서 예전처럼 어떤 직업이 좋고 어떤 직업은 별로라는 구별이 어려워졌고 또 의미가 없어졌다. 그렇지만 우리 사회에는 여전히 선호하는 직업의 틀이 크게 바뀌지는 않은 것이 사실이다.

또한 배우자를 선택할 때 능력과 직업은 가장 먼저 고려하는 조건 중 하나다. 사랑해도 상대의 능력이 부족하면 결혼을 망설이게 되지만, 사랑이 없어도 상대의 능력이 좋다면 결혼하는 경우를 어렵지 않게 보게 된다. 능력 있는 배우자를 만나면 평생을 보장받는 것과도 같아 마치 든든한 종신 보험을 드는 것과 같다. 좋은 직업은 그 사람에게서 끝나는 것이 아니라 배우자, 자녀, 부모까지 특별한 사람으로 만들어준다.

조선시대의 양반과 상민을 구별하는 반상제도가 없어진 현대는 개인의 직업이 신분을 대신하고 있다 해도 과언이 아니다. 사람들은 개같이 벌어서 정승같이 쓴다고 말하지만 사실 정승같이 벌어서 정승같이 쓰는 것을 더 좋아한다. 누구나 정승같이 벌고 싶어 하고 그렇게 버는 직업을 원한다.

능력은 어떻게 일하는가도 해당된다. 같은 직업을 가졌더라도 개인차가 있다. 직장 내에서도 일을 잘하는 사람과 그렇지 않은 사람으로 구분해 평가를 내리고 그에 상응하는 직위와 보수를 준다.

만일 내가 직장 상사라면 인간성은 좋은데 실적은 나쁜 사람과 인간성은 별로지만 실적은 뛰어난 사람이 있다면 누구를 선택하겠는가? 회사는 수익을 내야 하는 이익집단이므로 일을 잘하고 좋은 실적을 거두는 사람을 선호할 수밖에 없다.

좋은 인간성은 돈 주고 살 수 없는 귀한 재산이지만, 치열한 경쟁이 벌어지는 직장 내에서는 능력과 실적이 좋은 인간성보다 가치가 크다.

영화 〈악마는 프라다를 입는다〉는 직장 내의 세계를 적나라하게 보여준다.

세계 최고의 패션잡지 〈런웨이〉의 편집장 미란다 프리슬리는 냉정하고 못된 성격으로 따지자면 타의 추종을 불허한다. 그녀의 성격은 사내에서 뿐만 아니라 패션계에서도 유명하다. 그러나 그녀는 뛰어난 능력을 갖고 있기 때문에 그녀의 성격은 크게 문제가 되지 않고, 모두 그녀 앞에서는 무조건 복종한다.

이것이 바로 직장 내의 세계이자 직업의 세계다. 능력은 끝까지 살아남을 수 있는 큰 무기가 될 수 있지만, 좋은 인간성은 때로 경쟁에서 밀리는 걸림돌이 되기도 한다.

영화 〈아마데우스〉는 능력을 둘러싼 경쟁과 질투라는 인간의 감정을 섬세하게 보여주며 사회의 생리를 잘 보여주고 있다.

당시 음악가로서 최고 위치에 있는 궁정악장이며 이미 큰 명성을 얻어 부러울 것 없는 살리에리는 떠오르는 작곡가 모차르트를 싫어한다. 궁정악장도 아닌데다 철부지인 모차르트에게 천재적 재능이 있음을 알아보았기 때문이다. 살리에리는 자신의 능력의 한계를 알기 때문에 천부적인 재능을 가진 모차르트에게 심한 열등감을 느낀다. 그는 신을 원망하고 자신의 재능을 저주하며 모차르트를 파멸시킬 음모를 꾸민다.

남들은 하루 종일 걸리는 일을 단 몇 시간 만에, 그것도 완벽하게 처리하는 사람이 있다면 그것을 부러워하지 않을 사람은 없을 것이다. 그리고 그런 사람 앞에서 열등감을 느끼고 한편으로 시기심을 느끼게 되는 것은 인간의 본능이다.

이제는 취미도 능력에 속하는 시대가 되었다. 취미이지만 전문가 뺨치는 능력을 갖춘 사람이 많다. 그들은 자신의 취미에 엄청난 돈과 시간을 투자한다.

등산을 취미로 즐기다가 에베레스트 등반을 떠나는 사람들도 있고, 음악을 좋아해서 취미로 악기를 다루다 밴드를 조직해 공연을 하는 사람들도 있다. 요즘은 플루트, 클라리넷, 바이올린 같은 클래식 악기를 다루는 사람들이 늘고 있으며 색소폰은 국민악기가 되었다.

취미를 전문가 수준으로 하는 사람이 많아지면서 취미가 없으면 문화적인 생활을 못 누리는 것처럼 보여 상대적인 소외감이 들 수도 있다.

이제 우리는 자신의 능력을 어떻게 평가하고 있는지 생각해 보도록 하자.

● 내 직업을 편하게 말할 수 있다. ☐

● 내 직업은 탄탄하다. ☐

● 나는 직장에서 일을 잘하는 편에 속한다. ☐

● 나는 맡은 일보다 더 많은 일을 해낸다. ☐

● 직업이나 전공 외에 잘할 수 있는 것이 있다. ☐

● 나는 무엇을 해도 어느 정도는 해낼 수 있다. ☐

좋은 직업, 뛰어난 업무 능력, 격조 있는 취미 생활이 행복한 삶을 보장해주는 것은 아니지만 현대사회에서 그것을 갖추지 못하면 열등감을 느낄 수 있는 것은 분명하다. 그것이 사람들과 어울리고 사회생활을 하기 위한 필요조건이기 때문이다.

그러므로 사회에 뒤떨어지지 않기 위해서 자신을 위한 자기계발을 게을리하지 말아야 한다. 더욱이 이제는 인간의 수명이 길어지면서 평생에 몇 번의 직업을 바꾸는 일이 보편화되어가고 있다. 자신의 경쟁력을 기르는 일은 생존을 위한 필수조건이 되었다.

우리에게는 없는 것보다 있는 것이 더 많다.
그런데도 없는 것이 많다고 생각하는 이유는
나에게는 없는 것이 다른 사람에게는 있기 때문이다.
없는 것은 있는 것보다 분명하고 확실하게 인식된다.
그래서 자신이 가진 것에 만족하고 자신만의 행복론을 갖는 것은
건강한 삶을 위해 매우 중요하다.

PART 2

상처 치유를 위한
심리처방전

우리는 상처를 받는다고 말한다. 여기에는 상처가 외부로부터 오는 것이라는 의미가 있다. 그러나 사실 상처는 나에게서 시작되고, 깊어지는 것도 내 의지가 하는 일이다.

또 상처는 받은 사람이 다른 사람에게 주는 속성이 있다. 그러니 상처는 선순환이 아니라 악순환되는 부정적인 감정이다.

우리가 간과하는 사실 중의 하나는 다른 사람들은 내 상처에는 관심이 없다는 점이다. 심지어 내가 상처받고 있는지 알지 못한다. 그러니 우리는 외롭게 자신의 상처를 끌어안고 삶을 힘겹게 통과하고 있다. 그래서 상처와는 멀리 있어야 한다.

"모든 병은 감기로부터 시작된다"는 말이 있다. 상처는 바로 '마음의 감기'다.

감기를 방치하면 큰 병으로 발전할 수 있듯이, 우리 마음의 상처를 방치하면 더욱 깊어지고 자라 마음을 산산조각 내고 정신을 피폐하게 한다.

슬픔은 시간이 해결해줄 수 있지만, 상처는 시간이 지날수록 우리 안에서 세력을 확대해간다. 그래서 저절로 아물기를 기다려서는 안 된다. 신속하게 치유해야 하고, 사전에 상처를 받지 않도록 예방을 한다면 더욱 좋다.

다음의 체크리스트는 상처를 잘 받는 사람인지를 알아보는 항목들이다. 대부분 한두 개 정도는 표시하겠지만, 만약 세 개 이상에 표시를 한다면 당신은 상처를 잘 받는 것으로 볼 수 있다.

- 나에게 불리한 상황이 오면 의기소침해진다. ☐

- 회의 중 다른 사람의 의견이 마음에 안 들어도 말하지 않는다. ☐

- 내 의견에 반대하는 사람이 있으면 민감해진다. ☐

- 모임이 끝나고 난 후 당시의 상황을 곱씹는 습관이 있다. ☐

- 사는 동안 억울한 일을 많이 겪었다. ☐

- 비난이 두려워서 하지 못하는 일이 많다. ☐

- 사람들과의 관계는 공허하다는 생각을 자주 한다. ☐

- 내가 갖고 있는 것들이 부족하다고 느낄 때 자신감이 급격히 떨어진다. ☐

자신의 성향을 파악했다면 이제부터 상처 없는 삶을 위한 여정을 떠나보자.

상처를 치유하는 것은
시간이 아니라 내 자신이다

01

나를 있는 그대로 인정하고
받아들이자

인생의 궁극적 목표는 이기는 것이 아니라
당신의 능력을 끌어올릴 수 있는 범위 내에서
가능한 최고로 자리매김하는 것이다.
토머스 J. 빌로드

빙산의 크기를 '1'이라고 했을 때, 수면 아래 잠겨 보이지 않는 부분의 크기는 '0.917'이다. 그러므로 우리 눈에 보이는 빙산의 크기는 고작 '0.083' 뿐이다.

우리의 모습도 이와 다르지 않다. 사람의 깊은 내면에 비해 드러나 보이는 것은 아주 일부분이다. 그 일부분 속에 장점도 있고 단점도 있다.

장점과 단점의 본질 중에서 가장 주목할 것은 장점이 아홉 개 있고 단점이 한 개 있다면 한 개의 단점에 신경이 쓰인다는 점이다. 그 한 개의 단점이 아홉 개의 장점을 가릴 수 있다는 것은 대단한

착시이지만 우리는 그것을 알아차리지 못한다. 게다가 잊고 있는 것은 우리가 갖고 있는 0.917의 가치다. 그 많은 부분 중에 장점은 또 얼마나 많이 존재하겠는가.

열등감과 단점은 사이좋은 친구처럼 따라다닌다. 단점 자체는 문제가 되지 않지만 자신의 단점을 다른 사람과 비교하면 열등감이 되고 그것은 상처가 된다.

우리는 단점을 보통 나쁘다고 생각하지만 다르게 생각해 볼 필요가 있다. 단점은 나쁜 것이 아니라 남들과 비교해 자신이 갖지 못했거나 이룰 수 없었던 것들이다. 또한 남과 비교하지 않고 내가 가진 그대로 인정하면 그것이 장점이 될 수 있다.

《장자》를 보면 개개인의 소중함과 개성이 중요하다는 사실을 끊임없이 일깨운다. 장자는 이렇게 말했다.

"물오리의 다리는 비록 짧지만 그렇다고 그것을 늘이면 걱정하게 될 것이고, 학의 다리는 비록 길지만 그렇다고 짧게 잘라 주면 슬퍼하게 될 것이다."

만약 물오리가 학의 긴 다리를 보면서 자신의 다리는 왜 그렇게 짧은지 한탄한다면 오리의 삶은 참으로 불행할 것이다. 우리도 마찬가지다. 자신이 가지고 있는 것은 보지 못한 채 남이 가진 것만을 쳐다보며 끊임없이 비교한다면 결코 행복할 수 없다. 더욱이 물오리의 짧은 다리와 학의 긴 다리는 그들이 살아가면서 생존을 위해 진화한 결과다. 단점이 아니라 그들 각자에게 생존을 위한 장점인 것이다. 물오리가 짧은 다리가 아닌 긴 다리를 갖게 되면 오리의 특징은 사라져버리게 되고, 학이 긴 다리가 아닌 짧은 다리를 갖게 되면 학은 더 이상 학이 아니게 된다.

이처럼 세상에 절대적으로 옳고 절대적으로 좋은 것은 없다. 모두 생각하기 나름인 것이다.

그러므로 상처를 받지 않는 방법은 자신을 있는 그대로 받아들이고 인정하는 것에서부터 시작해야 한다. 나에게 없는 것을 있는 척한다면 당장은 가려질 수 있지만 지속되지 못한다. 또 진실을 감추기 위해 감내해야 할 것들이 얼마나 많겠는가.

로마 마르쿠스 아우렐리우스 황제의 아내인 파우스티나는 여러 남자와 공공연하게 바람을 피웠다. 그러나 아우렐리우스 황제는 자신의 저서인 《명상록》에서 "정숙한 아내를 주신 신들에게 감사한다"고 말했다. 또한 아내가 죽은 후 원로원에 간청해 파우스티나를 여신 반열에 올리고 신전에 모셨다. 사람들은 황제가 아내의 부정을 모른다고 생각했다. 그러나 온 국민이 공공연히 아는 사실을 황제만 몰랐을 리는 없다. 그는 그 사실을 알면서도 받아들이고 승화한 것이다. 아니면 아내를 사랑하기에 그렇게 믿어버렸을 수도 있다.

심리학에는 '선택적 인지'라는 개념이 있다. 인간은 외부의 정보를 받아들일 때 자기에게 유리한 것만 받아들이고 자신이 원하지 않는 정보는 무시하거나 외면하는 경향이 있는 것을 말한다. 그러나 우리는 마음의 평화를 위해 때로는 그러한 선택적 인지가 필요하기도 하다. 마르쿠스 아우렐리우스 황제가 그랬던 것처럼 말이다.

그러나 사실을 일부러 감추려고 한다면 그 모습은 자연스럽지 않다. 또한 그 후유증은 심각할 수 있다.

리플리 증후군은 개인의 사회적 성취욕은 크지만 실현통로가 봉쇄되어 있을 때 발생하는 증상으로 허구의 세계를 진실로 믿으며 상습적으로 거짓된 말과 행동을 하는 인격 장애를 말한다. 이것은 패트리샤 하이스미스의 소설 《재능 있는 리플리씨》에서 유래한 용어다.

톰 리플리는 호텔 종업원으로 뉴욕에서 빈곤하게 살다가 우연한 기회에 재벌의 아들인 디키 그린리프와 친구가 된다. 디키는 그동안 자신이 알던 사람들과 조금 다른 새 친구에게 흥미를 갖지만 점점 비굴하게 자신에게 들러붙는 톰에게 싫증을 느낀다. 톰에게 부유하고 자유분방한 디키는 선망의 대상이자 질투의 대상이다. 자신을 무시하는 디키에게 모멸감을 느끼던 톰은 결국 디키를 살해한다. 그리고 자신이 디키로 살아간다. 비싼 옷을 입고 고급 레스토랑에서 식사를 하는 생활이 이어지면서 톰은 점차 자신이 진짜 디키가 된 것처럼 착각한다.

디키가 되기 위해 해야 할 것은 디키의 기분과 기질을 유지하고 그와 어울리는 얼굴표정을 지으면 된다고 생각하는 톰에게 다른 사람의 삶을 훔치는 것에 대한 죄의식은 전혀 보이지 않는다.

디키로 살아가기 위해 거짓이 반복되고 확대되는 가운데 톰은 그렇게 위기를 모면하면서 계속 디키로 존재하는 자신에게 만족한다. 실종된 미국인을 경찰이 찾는다는 신문기사를 보면서 톰은 밀려오는 짜증과 함께 경찰이 쓸데없는 짓을 한다고 생각한다. 철저히 거짓된 삶 속에서 톰은 냉소적이면서 잔인한 본성을 언뜻언뜻 드러낸다. 그러나 영원히 은폐될 것 같았던 그의 진실은 디키의 시체가 발견되면서 모두 드러나고 만다.

그가 숨기고자 했던 실체는 초라한 톰 리플리의 현실이었다. 그것은 숨기려고 발버둥 쳐도 숨겨질 수 없는 진실이다.

드러내고 싶지 않은 자신의 모습에 대한 두려움은 누구에게나 있다. 내가 갖고 있지 않은 것을 단점이라고 여기는 것은 그것을 갖고 싶은 욕망과 일치한다. 우리가 받았던 상처는 대부분 단점을 감추고 싶어서 생긴 열등감에서 비롯되었다.

그러나 그 열등감을 좋은 방향으로 승화한다면 그것은 오히려 성공적인 삶의 바탕이 된다.

영화 〈킹스스피치〉의 실제 주인공인 영국의 조지 6세는 심한 말더듬이였으며, 미국인들이 가장 존경하는 대통령 프랭클린 루스벨트는 후천성 소아마비로 휠체어를 타고 다녔다. 동화작가 안데르센은 가난한 부모를 가졌었고, 스티브 잡스는 불우한 어린 시절을 보냈다. 노무현 대통령과 김대중 대통령은 최종 학력이 고졸이었고, 20세기 최고의 철학자이자 노벨문학상 수상자인 버트런드 러셀은 부모 없이 성장했다.

그러나 이들은 그 열등감을 디딤돌 삼아 삶의 원동력으로 활용하고 성공적인 삶을 살았다.

지금 나의 단점을 생각해 보자. 나에게 없는 것이 무엇일까.

이제껏 받았던 상처 중에 가장 선명하게 기억나는 것을 생각해보자. 왜 그토록 오랫동안 내 마음속에 남아있는 것일까? 그것은 치명적인 나의 단점을 누군가가 건드렸기 때문이다.

이제 그것을 한번 써 보도록 하자.

생각만으로는 내 상처의 실체를 볼 수 없다. 눈에 보이게 밖으로 꺼내놓는 것이 좋다.

펜을 들고 밑에 내가 받았던 상처를 쓴다.

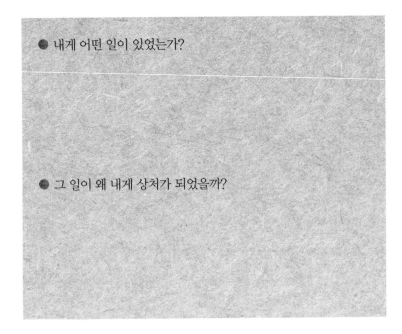

● 내게 어떤 일이 있었는가?

● 그 일이 왜 내게 상처가 되었을까?

앞에 쓴 것을 보면서 생각해 보자. 만일 내가 상처받지 않았다면 그 일은 여기 적히지 않았을 것이다.

그때 내가 끝까지 잡고 있으려 했던 것은 무엇인가?

그것이 그토록 드러내기 어려웠던 것일까?

그것을 드러내지 않는 것이 내게 얼마나 큰 이득을 주는 것일까?

나에게 상처를 준 상황은 나와 직접적인 관련이 있는 일이었을 것이다. 만일 나와 무관한 일이었다면 공격당하거나 대응을 하고 난 후 아무런 후유증이 남지 않는다. 아무리 심하게 서로를 공격했다 하더라도 마음속에 남는 것은 공격한 사람에 대한 기분 나쁜 감정 정도다.

그러나 나와 무관하지 않다면 무관하지 않은 주체가 나이기 때문에 감정에서 자유롭지 못하다. 그리고 거기에 나를 공격한 상대방에 대한 미움이 한 겹 더 씌워진다. 이것이 바로 상처이며 내 지금의 상태는 바로 상처받은 것이다. 우리가 받았던 상처 중에 오래도록 잊히지 않는 것이 있다면 바로 그러한 상처일 것이다.

당신이 꾸준히 참석하는 모임이 있는데 대학졸업장이 없어서 평소 마음이 불편했다고 가정해 보자. 어느 날 누군가가 당신에게 전공을 묻거나 어느 대학을 나왔느냐고 물었다. 그럴 때 당신은 단지 그 질문만으로 상처를 받을 수 있다. 왜 그 질문을 했을까 깊이 생각하면서 그동안 모임에서 나도 모르게 무시당하고 있었던 것은 아닌지 확대해석할 것이다. 그리고 당신은 상처받았음을 느낄 것이다.

그 질문을 받는 순간 당신은 대학을 다니지 않았다고 말해야 한다. 거기에 대학을 다니지 않아서 아쉽다는 말까지 덧붙인다면 오히려 당당해 보일 것이다. 그리고 더 중요한 것은 나중에 곱씹으면서 괴로워할 상처가 없다는 것이다. 그렇게 선뜻 대답하는 것이 쉽지 않다고 생각된다면 앞으로 대학 관련 이야기가 나올 때마다 마음 졸이고 졸업장이 있는 척하는 자신의 모습을 상상해 보면 된다. 그게 더 쉽지 않을 것이다. 학력 때문에 만족스럽지 않다면 그것은 자신이 감수해야 할 아픔이지 남들에게 상처받을 이유는 아니다.

예쁘고 잘생기지 못해서 주눅이 들 수는 있지만 그것은 우리의 잘못이 아니다. 비교 당하는 것이 아니라 아마 스스로 비교하고 있을 것이다.

넘을 수 없는 산 때문에 산 아래에서 올려다보고 좌절하는 것보다는 차라리 등산을 내 목록에 넣지 않는 것이 정답이다.

이런 사실들을 우리는 이미 알고 있다. 다만 그것을 스스로 인정하지 않고 드러내고 싶지 않으며 가능할 때까지 숨기고 싶어 한다. 또는 상처받고 싶지 않아서 의도적으로 진실에서 눈을 돌려버린다. 만일 우리에게 잘못이 있다면 그 상황을 피하거나 숨기고 인정하지 않았던 것에 있다.

단점을 솔직하게, 냉정하게 인정해버리자. 처음에는 어색하겠지만 일단 한번 해 보면 별것 아니다. 거기에 추가로 할 일은 내가 갖지 못한 것을 갖고 있는 사람에게 적대감을 가지면 안 된다는 것이다. 적대감을 드러내면 내가 갖고 있는 열등감을 사방에 알리는 것이나 마찬가지다. 그것은 다른 갈등을 만들어서 새로운 상처의 원인이 된다.

다음 몇 개의 문장은 솔직하게 단점을 인정하는 말이다.

크게 한번 읽어 보자.

- 나는 뛰어난 외모는 아니지만 다른 매력이 있어.
- 나는 돈이 없어, 그래서 나는 알뜰하고 스스로 해내는 것이 많아.
- 나는 좋은 학교를 다니지는 못했지만 다른 경험이 많아. 그건 내 자산이야.
- 나의 부모님은 대단한 지위는 아니지만 선량하고 훌륭하셔.

남들 앞에서 이렇게 말할 수 있다면 굉장히 멋져 보일 것이다. 솔직한 것은 바른생활을 위한 지침이 아니라 매력 있는 사람이 되는 비법이며 실천할수록 자아만족도가 높아진다.

남의 눈을 의식하면 내 의지대로 행동하는 것이 어려워지고 점점 솔직함에서 멀어져버린다. 솔직하지 않은 사람은 대개 두 가지 유형에 속한다.

첫 번째 유형은 천성이 긍정적이어서 뭘 해도 좋다는 사람으로 어떤 의견에도 이의가 없으며 갈등도 없다. 이런 사람은 어디서든 문제를 만들지 않으며 상처와 거의 무관하게 살아간다.

두 번째 유형은 비난을 두려워하는 사람이다. 매사에 의식적이어서 항상 주변의 반응을 살핀다. 이런 사람은 신중하기보다는 비겁하다고 볼 수 있다. 비겁한 사람은 자신의 의견을 내기보다는 묻어가려고 한다. 그러나 자아는 강하기 때문에 자신의 생각을 근본적으로 바꾼 것은 아니므로 관계 속에서 발생하는 모든 일에서 쉽게 상처를 받는다.

이 두 번째 유형의 사람에게 필요한 것은 홀로 우뚝 설 수 있는 의연함이다.

실화를 바탕으로 한 영화 〈에린 브로코비치〉에는 어려움 속에서도 자신의 삶을 긍정적으로 받아들이고 현실을 헤쳐나가는 주인공이 등장한다.

주인공 에린은 사회의 기준으로 보자면 배움도 부족하고 가진 것 없는 한심한 이혼녀다. 두 번의 이혼으로 아빠가 다른 아이를 셋이나 키우고 있으며 빚을 잔뜩 지고 있다. 그녀의 경력과 현재 상황은 주변 사람들에게 전혀 호감을 주지 못한다.

에린은 변호사사무실에 조사원으로 취직을 한다. 가난한 살림에 애들을 키우느라 전혀 여유가 없는 이혼녀라면 보통은 외모에 신경쓰지 않고 삶에 찌든 모습이겠지만 에린은 전혀 그렇지 않다. 그녀는 긴 파마머리를 늘어뜨리고 몸에 꼭 붙는 상의와 미니스커트를 입고 다닌다. 그렇지 않아도 그녀의 경력에 대해 편견을 갖고 있는 사무실 사람들은 그녀를 더욱 좋지 않게 본다.

하지만 에린은 사람들의 시선을 아랑곳하지 않고 직장과 집안일에 최선을 다한다. 어느 날 그녀는 공장에서 유출되는 크롬 성분 때문에 마을사람들이 질병을 앓게 되었다는 사실을 알게 된다. 대기업과의 소송을 마땅치 않게 생각하는 변호사를 설득해 마을사람들 편에 서서 대기업에 맞서 재판을 하고 미국 법정사상 최고액인 3억 3300만 달러를 지불하라는 판결을 받아낸다.

가난 속에서 아이 셋을 키우며 일하는 그녀의 일상은 매일매일이 전쟁이지만 그녀는 자신의 현실을 감추거나 자신의 처지를 비관하지 않는다. 맡길 곳이 없을 때는 아이들을 데리고 사무실에 출근하고, 조사에 나설 때도 아이들을 데리고 다닌다. 그녀는 아이들을 핑계로 일을 소홀히 하지 않겠다는 신념을 갖고 있으므로 언제나 당당하고 최선을 다한다.

가진 것 없지만 솔직하고 당당하며 최선을 다하는 에린의 모습은 많이 소유하고 있어도 어느 하나라도 잃지 않으려 전전긍긍하고 안간힘을 쓰며 가식적으로 살아가는 사람들을 부끄럽게 만든다.

주어진 일을 제때 못했을 때, 비난을 피하기 위해서 머릿속에는 적당한 핑계가 만들어진다. 그러나 일을 마치지 못했다는 사실은 없어지지 않기 때문에 백 가지의 핑계는 모두 공허하다. 그럴 때는 솔직함이 답이다. 솔직히 왜 못했는가를 말하면 일은 남아 있어도 마음은 개운할 수 있다.

모르는 것을 아는 척하고, 할 줄 모르는 것을 할 줄 안다고 해 봤자 뒤돌아서면 스스로가 전혀 자랑스럽지 않고 부끄러운 마음만 남는다.

솔직하게 자신의 단점을 말하는 사람은 자유롭다. 몸에 잘 맞는 내 옷을 입은 것과 고급이긴 하지만 몸에 잘 맞지 않는 남의 옷을 입었을 때의 차이와 같다.

모든 사람에게 좋은 인상을 남기려고 애쓰며 살 필요는 없다. 또 좋은 인상을 남기려면 긍정적인 말만 해야 한다는 것은 편견이다. 잘하려고 노력하는 것은 좋지만 그 때문에 자신에게 맞지 않는 꾸밈을 한다면 삶이 얼마나 피곤하겠는가.

주변 사람들에게 솔직하게 자신에 대해 말하면 모든 상황에서 자유로울 수 있다. 또한 상처받을 일도 없을 것이다.

솔직하게 자신의 단점을 말하는 사람은 자유롭다.
몸에 잘 맞는 내 옷을 입은 것과 고급이긴 하지만
몸에 잘 맞지 않는 남의 옷을 입었을 때의 차이와 같다.
모든 상황에서 자유로울 수 있다면 상처받을 일도 없을 것이다.

02
―

돌아서서 상처받지 말고
그 자리에서 해결하자

세상은 고통으로 가득하지만
그것을 이겨내는 일로도 가득 차 있다.
헬렌 켈러

'그때 나는 왜 아무 말도 하지 못했을까.'

이런 후회를 해 보지 않은 사람은 없을 것이다. 그런데 문제는 똑같은 상황이 오면 또다시 그렇게 반복한다는 것이다.

우리는 대부분 그 장소를 벗어나 돌아서서 시간을 두고 생각하는 경향이 있다. 그런 행동은 경솔하지 않아서 좋을 수 있지만, 항상 그런 것은 아니다.

공자는 두 번 생각하면 족하다고 했다. 세 번 생각한 뒤 행동하는 것은 신중한 게 아니라 망설이는 것이며 옹졸함이라고 했다. 지나친 신중함은 득보다 실이 많다.

상처를 받지 않기 위해서는 차라리 경솔한 것이 나을 수 있다.

상처를 받을 당시에 상대방에게 자기 자신을 충분히 해명했는 가 생각해 보자. 그렇게 했다면 상대는 나의 입장을 이해하고 말을 바꾸거나 사과했을지 모른다. 아니면 의도를 잘못 받아들 였다는 것을 알게 될 수도 있다. 그렇다면 나는 상처를 받지 않 았을 것이다.

그러나 대개의 경우 받아들이기 힘든 말을 듣는 순간 우리는 우 선 그 자리를 피하고 싶어 한다. 충격을 받았거나 정곡을 찔렸으므 로 일단은 그 자리를 벗어나서 생각을 정리하거나 해결 방법을 찾 으려고 한다.

하지만 그다음에 무엇을 어떻게 할 것인가? 시간이 지나면 우리 안에서는 그 감정이 점점 커져가지만, 상대방은 이미 기억에도 없 을 것이다. 심지어 상대는 자신이 상처를 주었다는 사실조차 알지 못한다. 그래서 혼자 상처를 싸안고 키우느니 그 자리에서 해결해 야 한다. 상대와 맞서 싸우라는 말이 아니라 나 자신을 위해서 해야 할 말을 분명히 하라는 것이다. 싸우는 것과 자신을 옹호하는 것은 분명 다르다. 해야 할 말을 하는 것은 정당한 행동이다.

우리는 자신을 드러내는 것은 경솔한 행동이므로 과묵하게 처신 하는 것을 미덕이라고 배워왔다. 그러나 과묵함은 미덕이 아니라 자신에게 독이 될 수 있다. 요즘 사회적으로도 큰 문제가 되고 있는 많은 강력범죄의 범인들을 살펴보면 한 가지 공통점을 볼 수 있다. 오랫동안 마음속의 이야기를 꺼내놓지 않고 가슴속에 분노를 삭이고 있다가 상대방의 말 한마디가 여태까지 쌓아놓은 상처를 건드리는 순간 한꺼번에 폭발해 폭력으로 이어진다. 체포된 범인들은 공통적으로 나도 모르는 사이에 그렇게 되었다고 말한다. 이는 그간 쌓이고 쌓인 감정이 순간적으로 터져나오면서 이성적인 통제가 불가능한 상태가 되어버리는 것이다.

이처럼 극단적인 행동이 아니더라도 평소 부정적인 감정을 안으로 삭이고 쌓아놓으면 어느 순간 터져나오는 것을 누구나 경험했을 것이다. 그러므로 돌아서서 생각하고 후회하지 않도록 그 순간 해결하는 것이 정신건강은 물론 그 일에 얽매여 시간과 에너지를 뺏기지 않는 최선의 방법이다.

또한 상대방이 나에 대해 상처가 될 만한 말을 할 때 가만히 있는 것은 그것을 시인하고 그 말이 맞다는 암묵적인 동의가 되어버린다. 그러면 상대는 그렇게 생각해버리고 자신이 한 말과 행동에 대해 어떤 책임도 없게 된다.

그러나 상처받은 사람은 어떤가? 받은 상처를 가슴에 담고 우울과 자학의 시간을 보내며 상대에 대한 원망으로 가득 차게 된다. 시간이 한참 지난 후에 그때 너의 말 때문에 내가 상처 입었다고 말하는 것은 의미가 없다. 그 말을 들은 상대방은 오히려 왜 그때 가만히 있다가 이제 와서 이러는지 모르겠다고 생각할 것이다. 설사 그가 자신은 몰랐다며 사과를 한다 해도 이미 상처 입고 보낸 시간에 대한 보상을 받을 수는 없다.

그럼, 이제 실습을 한번 해 보자. 내가 평소 내 입장을 말하지 못하는 성격에 해당된다면 이 연습은 꼭 필요하다.

아직도 당시에 말하지 못해서 여전히 가슴에 남아 있는 일을 생각해 보자. 그때 그 자리에서 말했더라면 나를 설명할 수 있었을 것이며, 말하지 않은 것 때문에 지금도 후회되는 일을 밑에 쓴다. 그 밑에는 그때 내가 했어야 했던 말을 마음껏 쓰자.

다 쓰고 난 후에는 한번 크게 읽어 보자.

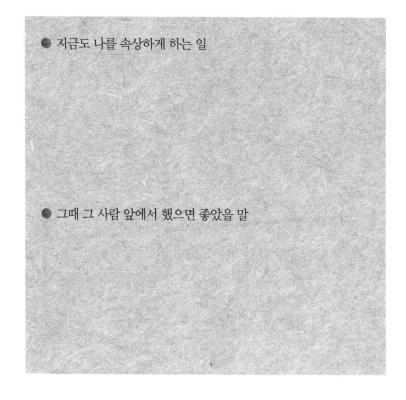

● 지금도 나를 속상하게 하는 일

● 그때 그 사람 앞에서 했으면 좋았을 말

여기에서 중요한 한 가지가 있다. 말할 때 흥분하지 말아야 한다는 점이다. 흥분하면 단어도 잘 생각나지 않으며 논리가 정연하지 못해 상대방은 단지 내가 변명을 하는 거라고 생각할 수 있다. 아니면 싸움을 하려는 것으로 오해받을 수 있다. 흥분하지 않고 말을 할 때 주의할 점은 그 상황에 대한 해명이 아주 간단명료해야 한다는 점이다. 가급적 간단하고 명료하게 말해야 한다. 길게 말할수록 구차하게 들리기 때문이다.

말하면서 나에 대한 어떤 인상을 남기려고 하지 말아야 한다. 상대에게 나를 좋은 사람, 훌륭한 사람으로 인식시키려 하지 말라는 뜻이다. 단지 그가 던지는 화살을 피하는 것이 목적이라는 점을 명심하자. 나는 그와의 좋은 관계를 위해서 말하는 것이 아니라 내가 상처받지 않으려고 말하는 것임을 잊지 말자.

평소 말을 간단명료하게 하는 것에 자신이 없는 사람이라면 웅변학원에서 연습하듯이 훈련을 하는 것도 나쁘지 않다. 거울을 보면서 시선을 정면으로 두고 또박또박 연습하는 것은 분명히 효과가 있다.

그럼, 말하는 연습을 위한 예로 이런 일이 있었다고 가정해 보자. 모임에 일 때문에 몇 번 빠졌더니 그렇게 바쁘면 탈퇴하는 것이 어떻겠냐는 말을 들었다고 하자. 결석한 것은 잘못한 일이지만 그런 말을 들을 정도는 아니라고 생각된다면 상처받을 것이다. 그 말을 듣고 바로 탈퇴한다면 그 모임을 생각하는 것만으로도 마음이 좋지 않다. 그렇다면 탈퇴하라는 말을 들었던 그 현장에서 내 입장을 이야기해야 한다. 이때 불참의 사유에 대해서 구구절절 설명하는 것은 별로 도움이 되지 않는다. 간단하면서도 정확하게 이 상황에 대한 자신의 생각을 말해야 한다. "불참이 잘한 것은 아니지만 탈퇴는 내가 결정할 문제입니다"라고 말하면 상대는 나의 태도에 더 이상 탈퇴하라고 말하지 못할 것이고, 나도 할 말은 다 했으니 내 자신에게 그 일이 상처가 되지는 않을 것이다.

또 친구에게 배우자나 자녀, 애인의 실수를 털어놓았는데 친구가 다른 사람에게 이야기를 한 것은 누구나 한 번쯤 경험해 보았을 것이다. 나와 가까운 사람의 일이기 때문에 이런 경우의 상처는 이루 말할 수가 없다. 이럴 때 아무런 말도 없이 참는 것은 적절하지 않다.

이때 친구에게 이렇게 말하면 된다. "너를 믿고 털어놓은 게 잘못이지. 너로 인해서 내 가족의 좋은 점들을 사람들이 알지 못하게 되었어." 또 이 상황에 대해 "너는 나뿐만 아니라 내 가족에게도 미안해해야 해"라고 덧붙여야 한다.

이 대답들이 부족할 수도 있고 더 명쾌한 대답에 대한 아쉬움이 있을 수도 있다. 그러나 이 정도만 이야기할 수 있어도 좋다. 듣기 괴로운 이야기를 면전에서 들었을 때 이렇게 말할 수 있다면 자신을 설명하고 상처로부터 방어한 것이다.

이제 좀 전에 앞에 썼던 것을 다시 읽어 보라. 자신에 대해 간단하고 명료하게 설명했는가 판단해 보고 그렇지 않다면 다시 말을 해 보는 것이 좋다.

아래에 몇 가지 대사를 알려주겠다. 사실 이런 식으로 말하는 것은 평범한 상황에서는 좋지 않은 대화법이다. 그러나 상황이나 상대에 따라서는 써도 좋은 말이다.

아래와 같은 말을 할 때는 경직된 것보다는 부드러운 표정과 어투를 유지하면 더 좋다.

- 나는 그렇게 생각하지 않아.
- 그건 네 생각일 뿐이야.
- 지금 네가 하고 있는 말을 내가 너한테 그대로 한다면 기분이 어떻겠니.
- 너의 말을 들으니 마음이 아프다.
- 네 말에 내가 상처받을 것이라는 생각은 안 하니.

그리고 만약 현장에서 바로 말하지 못했지만 나중에 다시 만나 이야기하게 되었다면 내가 받은 상처에 대해 직접적으로 말해주는 것도 좋은 방법이다. 지난번 나는 너로 인해 상처를 받았으며 지금까지 치유하지 못해 힘들다는 것을 말이다.

이때 명심할 것이 있다. 싸우려고 한다거나 상대방을 혼내주겠다는 마음으로 만나서는 안 된다. 대개의 경우 상처를 준 사람은 자신이 그런 일을 했다는 것을 알지 못한다. 그럴 경우 내가 당신으로 인해 힘들었으며 지금까지도 상처를 치유하지 못하고 있다는 사실을 조용히 알려주면 된다.

공자는 두 번 생각하면 족하다고 했다.
세 번 생각한 뒤 행동하는 것은 신중한 게 아니라
망설이는 것이며 옹졸함이라고 했다.
지나친 신중함은 득보다 실이 많다.
상처를 받지 않기 위해서는 차라리 경솔한 것이 나을 수 있다.

비록 내가 원인 제공을 했지만 상처를 받으니 많이 아프다고 말해야 한다. 어쩌면 이 말 한마디로 인해 그 자리에서 서로를 위로하고 용서한 뒤 상대와 이전보다 더 친밀한 관계로 발전할 수 있을지도 모른다.

03

남을 탓하지 말고
나를 탓하자

나는 배웠다.
다른 사람으로 하여금 나를 사랑하게 만들 수 없다는 것을.
내가 할 수 있는 일이 있다면
사랑받을 만한 사람이 되는 것뿐임을.
오마르 워싱턴

남들이 싸우는 것을 제3자의 입장에서 보고 있으면 당사자들은 서로 자신의 생각과 입장만 말하면서 계속해서 같은 말만 반복한다. 시간이 흘러도 끝날 줄을 모르는 싸움을 보면 공통점이 있다. 누군가 책임을 져야 하는데 싸우는 당사자들은 핵심으로 들어가지 못하고 그저 겉만 맴돌며 상대의 잘못이라고 주장한다. 이런 경우에 필요한 것은 '내 탓'을 하는 것이다.

자신의 잘못이라고 인정할 수 있다면 삶이 오히려 편안해진다. 그러나 이렇게 하는데 걸림돌이 되는 것이 바로 자존심이다. 보통 내 탓이라고 말하면 자존심이 상한다고 생각하는데 그렇지 않다.

어떤 갈등이든 내가 그 안에 포함되어 있다면 작은 한 부분이라도 책임져야 할 이유가 있다. 그것이 바로 '내 탓'인 이유다.

절대로 자신의 잘못이 아니라고 생각해 남 탓만 하는 사람은 문제가 생기면 우선 벗어날 생각부터 하므로 그 상황에서 한 걸음도 나아가지 못한다. 또한 다른 사람이 어떻게 생각할지에 대해 신경을 쓰다 보니 자유롭지 못하다. 이렇게 되면 작은 비난의 목소리에도 바로 상처를 받는다.

반면, 자신의 잘못이라고 여기고 자신을 탓하는 사람은 이미 인정했기에 다른 사람의 반응에 예민하지 않다. 이런 사람은 상처를 받지 않고도 문제를 해결할 수 있다.

내 탓을 할 때는 기꺼이 해야 한다. 기꺼이 자신의 탓이라고 인정하는 사람은 멋있게 보이지만 마지못해 하는 것은 오히려 역효과가 날 수 있다. 그래서 선뜻, 흔쾌히 해야 한다.

'내 탓'을 인정하지 않는 것과 인정하는 차이를 극명하게 보여주는 두 인물을 한번 살펴보자.

도스토옙스키의 《죄와 벌》의 주인공 라스콜니코프와 톨스토이의 《부활》의 주인공 네플류도프는 자신의 죄에 대한 판단과 고민이 다르다.

《죄와 벌》의 라스콜니코프는 매정하고 탐욕스러운 전당포 노파를 살해한다. 게다가 살해 현장에 나타난 노파의 착한 동생까지 죽인다. 노파의 착한 동생을 죽인 것에 대해서는 약간의 마음의 동요가 있지만, 그보다는 노파를 죽임으로써 사회의 악을 제거했다는 것에 대한 자족감이 더 크다. 그는 살인 후 며칠 동안 정신을 차리지 못할 정도로 심하게 앓는다. 그가 앓아누운 것은 보통의 경우라면 죄책감으로 인한 정신적 충격이겠지만 그의 경우는 계획을 실행에 옮기느라 너무 힘들었기 때문이다.

경찰의 수사가 진행되자 라스콜니코프는 살인 후 뒤처리는 잘했는지, 목격자는 없었는지를 집요하게 생각한다. 또 평소에는 조용하다가 노파 살해에 대한 이야기가 나오면 말이 많아지고 신경질적으로 변한다. 경찰의 수사 방향이 다른 쪽으로 흐르면 그들을 비웃고 경찰에게 그게 아니라는 조언까지 해준다. 그는 점점 신경증에 불안증이 겹쳐서 중증환자처럼 되어간다.

라스콜니코프의 이상한 행동들은 의심을 사기에 충분해 수사망은 점점 그를 향해 좁혀온다. 그것을 의식한 그는 더욱 히스테릭해진다. 살인 후 그의 심리는 살인에 대한 죄책감이나 후회는 전혀 없고 단지 드러날 진실에 대한 두려움만 가득하다. 그에게는 보통의 사람들이 갖고 있는 동정심이나 죽은 자에 대한 연민이 없다. 그는 '내 탓'이라는 자기 행동에 대한 인정과 책임감과는 거리가 멀다.

반면, 《부활》의 네플류도프는 자신이 한 행동을 인정하고 책임을 짐으로써 정신적으로 해방감을 얻는다. 귀족인 네플류도프는 친척집에 갔다가 카추샤라고 불리는 18세의 하녀 마슬로바를 만난다. 마슬로바는 가난한 농노의 딸로 주인집의 하녀다. 네플류도프는 마슬로바의 순수한 아름다움에 끌려 사랑하게 되지만 욕망에 이끌려 그녀를 범하고 약간의 돈을 준 뒤 아무런 책임감을 느끼지 않은 채 떠난다.

마슬로바는 임신을 하고 그 집을 나와 아이를 낳았지만 아이는 병약해서 바로 죽고 만다. 그 후 마슬로바는 먹고살기 위해 온갖 고생을 다하지만 결국 창녀가 된다. 그리고 부유한 시베리아 상인을 죽이고 금품을 훔쳤다는 혐의로 체포되어 재판을 받는다.

네플류도프와 마슬로바는 법정에서 죄수와 배심원으로 재회한다. 마슬로바의 불행을 본 네플류도프는 이 모든 것이 자신의 잘못이라고 생각한다. 그는 깊은 참회의 눈물을 흘리며 그동안 자신의 화려한 생활과 공작이라는 지위로 인해 누렸던 권력이 모두 혐오스러운 허울이었음을 깨닫게 된다. 그는 시베리아 유형을 선고받은 마슬로바를 따라가서 그녀와 결혼해 남은 인생을 책임지기로 결심한다.

네플류도프는 갖고 있던 모든 것을 내려놓자 잊고 있었던 젊은 날의 순수한 이성이 되살아나고 마음속 깊은 곳에서 솟아나는 기쁨과 안정을 느끼게 된다. 그리고 죄 없이 형을 선고 받은 다른 죄수들을 보면서 사회적 모순과 선과 악에 대해 진정으로 고민한다. 그는 자신이 마슬로바라는 여자로 인해 다시 태어났음을 기쁘게 받아들인다.

우리는 이 두 인물 모두에게 공감을 느끼게 된다. 라스콜니코프의 위선이 낯설지 않으며, 네플류도프의 참회와 선행도 낯설지 않다. 시대를 초월해 우리가 그들에게 공감을 느끼는 이유는 그들이 갖고 있는 상반된 모습을 우리 내면에 동시에 갖고 있기 때문이다. 우리는 모호한 정의와 근거 없는 진실로 무장하고 결국 스스로를 상처 내는 일에 익숙한 속성을 갖고 있지만, 마슬로바를 따라 시베리아로 떠나는 네플류도프와 같은 선한 속성도 갖고 있다. 그러나 네플류도프와 같은 사람이 되기를 원한다.

두 사람의 자신이 저지른 행동에 대한 결과는 상반된다. 한 사람은 끝없이 괴로워하다가 파국을 향해 가고, 한 사람은 자책감을 느끼며 괴로워했지만 결국 몸과 마음의 자유를 얻는다. 이는 내 탓을 한 것과 하지 않은 것의 차이다.

우리가 남들에게 고백하기를 주저하는 이유는 실수에 대해 인정하고 싶지 않기 때문이다. 그러나 그것과 내 탓을 하는 것과는 다르다. 모든 일의 결과에는 관련된 사람들에게 배분되는 책임의 몫이 있다. 실수가 한 사람으로 인해 시작되었다 해도 혼자만의 것이 아니다. 잘못은 혼자 했어도 당시의 상황에는 반드시 연결고리인 일련의 상황들이 있다. 그러므로 내 탓은 어떤 경우이든 전체가 아닌 부분이다. 내 탓이라고 고백한다는 것은 전체를 책임져야 할 짐을 어깨에 얹는 것이 아니라 내가 그 연결고리의 한 부분으로서 전체에 영향을 끼쳤음을 고백하는 것이다.

영화 〈쇼생크 탈출〉을 보면 물리적인 감옥을 너머 자신의 마음의 감옥에서 탈출하는 인간의 모습을 볼 수 있다.

레드는 젊은 시절 살인을 저지르고 종신형을 선고받는다. 그동안 10년을 주기로 가석방위원회에 출석해 교화되었는가를 묻는 질문에 충분히 교화되었다고 대답하지만 사면되지 않는다. 레드가 전혀 반성하지 않고 있었던 것이 아님에도 그의 반성이 평가단에게 설득력이 없었던 이유는 그가 사면되기 위해서 의도적인 대답을 하고 있었기 때문이다. 레드는 자신이 죄를 저지른 것은 범죄가 일어날 상황이 벌어졌을 때 자신이 그곳에 있었기 때문이라고 생각했다. 쇼생크에 있는 대부분의 죄수들은 자신의 죄에 대해 그렇게 생각하고 있으며 레드도 다르지 않다.

교도소에 들어온 지 40년이 되던 해에 레드는 가석방위원회에서 이렇게 대답한다.

"후회를 느끼지 않는 날이 없었소. 그래야 한다고 당신이 강요했기 때문은 아니오. 옛날의 나를 돌아보면 끔찍한 죄를 저지른 젊은 놈이 있소. 그놈에게 말하고 싶어. 정신 차리라고. 지금 현실을 말해주고 싶어. 하지만 그럴 수 없지. 그 젊은 녀석은 오래전에 없어지고 이 늙은 놈만 남았어."

노인이 된 레드는 이제 지난 모든 일이 자신으로 인해 일어난 것임을 깨닫는다. 레드의 대답은 지난 과오가 내 탓이었음을 인정하는 진실한 독백이다. 이 말을 할 때 레드의 표정은 편안하고 안정되어 보인다. 그가 의도적으로 반성의 모습을 보이려고 애쓴 것은 아니지만 그의 진심은 평가단에게 전달된다. 레드는 진심으로 자신의 삶을 반성함으로써 마침내 사면되어 40년 만에 교도소를 나가게 된다.

'내 탓'을 하는 것은 엉킨 실타래의 가장 중요한 한쪽 끝 실가닥을 찾아내는 것과 같다. 아무리 엉켜 있어도 그 실가닥을 잡아 빼면 엉킴은 쉽게 풀어진다. 반면, 그것을 찾아내지 못하면 실뭉치는 아무리 예쁜 색이라도 전부 버려야 한다.

내 탓을 하는 것은 나뿐만 아니라 내 주변 사람들의 상처까지도 막을 수 있는 좋은 방법이다.

강의를 하면서 만난 사람 중에 이런 경험을 가진 사람이 있었다. 그녀는 다른 지역에 살다가 남편의 직장 때문에 이사를 했다. 원래 성당에 다니고 있어서 이사 간 지역에 있는 새로운 성당에 나가게 되었고, 원래 가입한 단체가 그곳에도 있어서 그 단체에 들어갔다.

그러나 종교가 같아도 처음 만나는 사람들과는 어색하기 마련이어서 빨리 친해져야겠다는 생각에 그녀는 모임 때마다 간식을 챙겨 갔다. 또한 조금 친해진 사람들에게 점심도 사고 집에 있는 물건들 중에서 남는 것이 있으면 가져가서 사람들에게 나누어주기도 했다.

그렇게 노력을 해서 그런지 시간이 지나면서 그녀는 사람들과 처음보다는 관계가 편해졌다는 생각을 하게 되었다. 그러던 중 일부 사람들이 자신에 대해 좋지 않은 말들을 하고 있다는 사실을 알게 되었다. 내용은 돈을 많이 쓰고 물건으로 선심을 사려 한다는 이야기였다.

그녀는 그 사실에 심하게 상처를 받았고 당장 떠오르는 해결 방법은 당장 그 단체를 탈퇴하고 그 말을 한 사람들을 만나 따지는 것이었다. 며칠간 혼자 끙끙 앓으며 힘든 시간을 보낸 후 그녀는 단체 사람들을 만나 이렇게 된 것이 다 자신의 탓이라고 말했다. 빨리 친해지고 싶은 마음에 그렇게 했는데 그게 단체의 정서에 맞지 않았나 보다라고 말했다. 그러자 놀랍게도 모든 일이 그 자리에서 해결되었다. 사람들은 자신들의 옹졸함을 사과했고, 그녀에게 신입회원인데 잘 해주지 못해서 미안하다고 사과했다.

이 일로 인해 그녀는 오히려 사람들과 이전보다 더 친해졌으며 상처는 흔적도 없이 사라졌다. 내 탓이라는 단 한마디에 모든 것이 술술 풀린 것이다. 그 누구도 상처받지 않았고 관계는 이전보다 더욱 좋아졌다.

자기 탓을 하는 것의 이점은 남 탓을 안 하게 된다는 것이다. 남 탓을 하지 않으면 모든 일이 더 빨리 해결되고 더불어 나쁜 감정이 쌓이지 않는다. 나를 내가 컨트롤하기 때문에 일이 확대되지 않으며, 상대방에게 미안한 마음을 갖게 해서 결과적으로 있던 상처도 없앨 수 있다.

그러나 한 가지 주의할 점은 지나친 내 탓은 나를 힘들게 한다는 것이다. 상황이 그렇게 된 이유가 모두 내 탓이었을 때 찾아올 수 있는 것은 자책감이다. 자책감은 스스로 상처를 낸다. 다른 사람으로 인해 생긴 상처보다 내가 만든 상처가 더 견디기 힘들다.

윌리엄 스타이런의 소설 《소피의 선택》에서는 자책감으로 죽어가는 한 인간의 삶을 볼 수 있다. 폴란드 태생의 소피는 부모님이 모두 교수이며, 남편은 수학교수이고 두 명의 아이가 있다. 만일 전쟁이 일어나지 않았다면 그녀에게는 행복하고 안정된 삶이 보장되었겠지만 나치의 폴란드 침략으로 모든 것이 바뀌어버린다. 아버지가 반유대주의자로 나치에 협조했음에도 정책의 혼란 속에서 남편과 아버지가 죽고 소피는 두 아이와 함께 아우슈비츠 수용소로 끌려간다.

죽일 자와 살릴 자를 선별하는 과정에서 독일군은 소피에게 두 아이 중 한 명만 골라야 하는 잔인한 선택을 강요한다. 소피는 죽일 자로 딸을 선택한다. 독일군이 소피에게서 딸을 떼어 끌고가자 딸은 처절하게 울부짖는다. 그녀의 딸은 가스실로 끌려가고 아들은 어린이 수용소로 보내진다. 그 후 20개월 동안 소피는 아들의 생사를 알지 못한 채 아우슈비츠에서 극심한 굶주림과 추위, 죽음을 경험한다.

전쟁이 끝나자 소피는 난민수용소에서 자살을 기도했지만 살아남아 미국으로 건너간다. 죽지 못해 사는 그녀를 구해준 사람은 네이선이다. 네이선은 미국에 살고 있는 유대인으로 지적이고 따뜻한 사람이지만 자신의 종족이 나치에게 학살당했다는 분노로 정신병을 앓고 있었다. 그는 유대인이 아님에도 아우슈비츠에서 살아남은 소피를 사랑하고 돌봐주지만, 한편으로 그녀에게 가학적인 행동을 한다.

소피는 수용소에서 영양실조로 이가 다 빠져 틀니를 끼고, 몸에 있는 학대의 상처들을 가리기 위해 온몸을 가리고 다니며, 핏기 없는 얼굴을 한 채 살아간다. 그녀는 네이선의 발작과 광기를 그대로 받아들이면서 딸을 버린 자신을 용서하지 못하고 자학하며 하루하루 죽어간다. 그리고 어느 날 네이선과 동반 자살로 생을 마감한다.

소피는 불행한 기억과 상처를 잊기 위해 싸우는 게 아니라 그것을 싸안고 죽음으로 걸어 들어갔다. 소피의 머릿속에는 죄책감과 죽음 이외에는 존재하지 않았다.

우리는 극단적 삶을 살아야 했던 소피의 삶을 보면서 힘든 시간에 그녀처럼 빠져나오고 싶지 않았던 내 자책의 시간들을 돌아볼 수 있다.

우리의 삶은 극단적인 선택을 할 만큼 절박하진 않지만 끌려들어가 나올 수 없게 하는 자책감의 굴레가 있다. 그것은 속수무책으로 빨려들어갈 만큼 강한 흡착력을 갖고 있다. 때때로 나아가야 할 방향을 모를 때 우리는 의도적으로 그 굴레 속으로 들어가 주저앉아 버리기도 한다.

나로 인해 어떤 일이 이루어지지 못했거나 좋은 결과를 얻지 못했을 때 우리는 그 뒤에 힘든 시간을 보내게 된다. 나와 가까운 사람들과의 일이었고 그것으로 인해 누군가 피해를 보게 되었다면 더욱 그렇다. "왜 그랬을까"라는 질문을 스스로에게 수백 번 던져 보지만 해결 방법은 없다. 이미 끝난 일이고 되돌릴 수 없기 때문이다. 자신의 탓이기 때문에 누구에게 화를 낼 수도 없고 아니라고 부정할 수도 없다.

그럴 때는 아무리 생각해도 내 탓이기 때문에 벗어날 수가 없다. 그러므로 자책감에서 빠져나오기 위한 노력을 해야 한다.

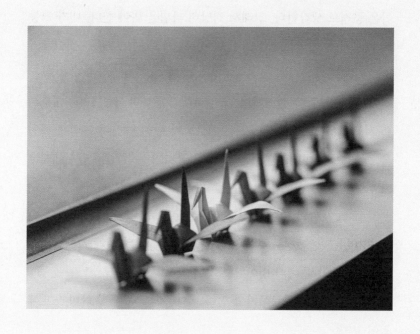

우리의 감정 중에는 끌려들어가 나올 수 없게 하는
자책감이라는 마음의 감옥이 있다.
그것은 속수무책으로 빨려들어갈 만큼 강한 흡착력을 갖고 있다.
때때로 나아가야 할 방향을 모를 때 우리는 의도적으로
그 마음의 감옥 속으로 들어가 주저앉아 버리기도 한다.

우선, 논리적으로 상황을 처음부터 정리해 본다. 만일 내가 없었더라면 어떻게 되었을까를 집중적으로 생각하고 '다른 사람이었어도 그렇게 되었을까' 라는 질문을 던져 본다. 그리고 그동안 내가 쌓아온 공적도 생각한다. 그래서 적당히 타협을 봐야 한다. 내가 그동안 이렇게 잘 해왔으므로 이번 일은 보너스로 넘어가주는 것이다.

그런데도 자책감이 없어지지 않는다면 다른 사람의 도움을 받는 것이 좋다. 상황을 설명하고 나의 자책감에 대해서 말한다. 대부분의 사람들은 그런 말을 들으면 위로하기 위해 당신이 그렇게 책임을 질 필요는 없다고 말해줄 것이다. 궁지에 몰려 있는 당신에게는 그 말이 굉장히 위로가 된다.

사실 그 사람의 말이 맞고 틀리고는 중요하지 않다. 왜냐하면 이미 일어난 일이기 때문이다. 가장 중요한 사실은 내가 자책감이라는 '마음의 감옥' 에서 벗어나는 것이다.

지금 자책감에 힘들어하고 있다면 다음의 문장들을 한번 노트에 적어 보자.

- 그것은 나의 최선이었다.
- 그 일은 다시 되풀이된다 해도 그렇게 되었을 것이다.
- 나는 나를 돌아보는 괜찮은 사람이다.

04

만나서 힘든 사람과는
관계를 끊자

인간관계는 난로처럼 대해야 합니다.
너무 가깝지도 너무 멀지도 않게.
혜민 스님

'하인리히 법칙'이라는 것이 있다. 1930년 미국의 보험회사 관리자 하인리히는 "세상의 모든 사고는 사전 징후가 반드시 선행한다"고 주장하며 한 번의 대형사고는 그 전에 29번의 경미한 사고가 있었고, 그 주변에 300번의 이상 징후가 감지된다는 분석을 내놓았다.

우리가 상처를 받을 수 있는 환경 중에서 가장 감지하기 쉬운 징후는 바로 만나는 사람이다.

사랑하는 사람들은 실연의 아픔을 무릅쓰고 헤어지지만, 연인이 아닌 사람들은 싫든 좋든 만남을 유지한다. 그렇다면 좋은 사람을 만나야 하는데 좋은 사람이란 자신의 입맛에 맞는 사람일 것이다.

만나고 들어오면 왠지 뒤끝이 편치 않은 사람이 있을 것이다. 만날 생각만 해도 머리가 아픈 사람, 길에서 만나지 말았으면 하는 사람이 있다면 그는 나에게 좋은 사람이 아니다.

지금 주변에 나를 힘들게 하는 사람이 있는지 곰곰이 생각해 보자. 당장은 힘들어도 그 만남을 통해 내가 성장할 여지가 있다면 당분간은 계속 만날 필요가 있지만 내 일상이 피폐해진다면 그는 만나지 말아야 할 사람이다.

모든 사람과 잘 지내면 가장 좋겠지만 인생은 짧기에 우리는 보고 싶은 사람도 다 만나지 못하고 산다. 좋은 사람만 만나기도 시간이 모자란데 굳이 얼굴만 봐도 힘들고 기분이 나빠지는 사람까지 만날 필요는 없다. 내게 지속적으로 상처를 주는 사람은 나에게 인연이 아닌 것이다.

만나기 싫은 사람은 분명 그 이유가 있다. 나의 개인적 성향이나 과거, 그 사람과의 경험 때문일 것이다.

만나기 싫은 사람이 있다면 대체로 이런 특성들을 가지고 있을 것이다. 몇 사람을 예로 들어 보겠다.

만나기만 하면 충고하는 사람이 있다. "넌 이게 틀렸으니까 고쳐라", "넌 왜 그러니", "아니지 그건 아니지" 등의 말을 매번 들어야 한다면 기분 나쁘고 짜증 날 수밖에 없다.

또 항상 지시하고 결론을 내려서 끼어들 여지를 남기지 않는 사람이 있다. 그런 사람은 다른 사람의 의견을 묻지 않는다. 의논을 해야 할 때는 자신의 의견을 이야기하고 결론을 내려버리기 때문에 뭐라고 말을 이을 수가 없다.

그리고 자기 자랑을 일삼는 사람들이 있다. 받은 선물, 구입한 물건들, 지난 주말에 갔던 여행지나 식당, 알고 있는 지인들에 대한 성과, 자신의 능력과 성과 등등. 이런 자랑을 반복적으로 들어야 하는 것은 피곤하고 그 사람의 자랑거리는 나와는 별로 관계가 없기 때문에 만남 자체가 시간 낭비가 될 수 있다.

만일 내가 슬럼프에 빠져 있거나 되는 일이 없는 상황인데 상대는 앉아서 자기 자랑만 하고 있다면 피해의식마저 들 것이다.

자신이 속해 있는 모임에서도 마찬가지다. 우리가 모임에 속하는 이유는 여러 가지가 있겠지만 그 어떤 것도 자신을 위한 것보다 우선하지는 않는다. 활동하면서 즐겁고 자율성이 충족되는 모임에만 나가라고 권하고 싶다. 자율성이 충족되는 상태는 내가 다른 사람들에게 인정받고 있으며 그 모임이 나에게 발전적이라는 확신이 있는 것을 말한다.

'인정받는다' 의 핵심은 사람들과의 관계다. 모임에 나가면 늘 스트레스를 받고 사람들 사이에서 주눅이 들거나 잘 보이기 위한 노력을 의도적으로 하고 있다면 그 모임은 결코 나를 행복하게 해주지 못한다. 상처받을 수 있는 요소를 모두 갖추고 있다고 할 수 있다. 그런 모임이라면 하루라도 빨리 탈퇴하는 것이 좋다.

그렇다면 현재 내가 참여하고 있는 모임에 대해 스스로 점검해 보자.

● 모임 날짜가 너무 자주 돌아온다는 생각이 든다. ☐

● 모임이 있는 날 다른 일이 생기면 주저 없이 모임을 안 나간다. ☐

● 그 사람만 없으면 그 모임이 재미있을 것 같다. ☐

● 이 모임이 나에게 어떤 의미가 있는가를 자주 생각한다. ☐

● 결정되는 사항들이 늘 마음에 들지 않는다. ☐

만약 위의 설문에서 3개 이상을 체크했다면 나에게는 그 모임이 맞지 않는 것이다. 그리고 그동안 상처를 조금씩이라도 자주 받았을 것이다. 그러므로 이 모임을 어떻게 할 것인가에 대해 진지하게 생각해 보는 것이 좋다.

그러나 하는 일과 관련이 있다거나 절대 안 나갈 수 없는 모임이라면 빠질 수는 없을 것이다. 그럴 때는 비록 힘들기는 해도 가능하면 지금보다 덜 힘들기 위한 방법을 생각해야 한다.

마음을 덜 주고, 시간과 비용을 거기에 전부 쏟지 말고, 특히 문제가 되는 사람과 거리를 두는 훈련을 해야 한다. 여기에는 고도의 전략과 테크닉이 필요할 것이다. 그것이 힘들더라도 나 자신을 위해 필요한 작업임을 명심해야 한다.

우리는 신이 아니다. 모든 사람을 사랑하고 원수까지 사랑하기엔 현실이 벅차다. 상처받지 않는 법을 터득해서 그게 완전히 내 것이 된다면 그때는 누구라도 상대할 수 있을 것이다. 그러나 상처받고 있는 지금은 나의 행복을 위해 옳은 것을 선택해야 한다.

우리가 상처를 받을 수 있는 환경 중에서
가장 감지하기 쉬운 징후는 바로 만나는 사람이다.
내게 지속적으로 상처를 주는 사람은 나에게 인연이 아닌 것이다.

05

분노와 슬픔을 키워
상처로 만들지 말자

당신을 화나게 한 상대방에게 앙갚음을 하려고
계속 그와 입씨름을 한다면,
그것은 마치 불이 붙은 집을 내버려 두고
방화범을 잡으러 가는 것과 마찬가지 행동이다.
틱낫한

'화가 났다', '슬프다'는 현재 내가 빠져 있는 감정의 상태다. 이 상태는 상처와 다르다. 상처는 화와 슬픔에서 전이되는 경우가 많다.

우선 화에 대해 살펴보자. 화가 난 것을 상처와 혼동한 채 시간이 지나면 내가 상처받은 것인지 화난 것인지 모호해진다. 결국 화로 인한 앙금은 상처로 귀결되어 쓸데없는 복수심을 키운다.

화와 상처는 분명 다르다. 화는 순간적이고 폭발적이어서 상처처럼 진득하게 붙어 있지 않는다. 아파트 위층이 시끄럽다고 아래층 사람들이 올라와서 항의를 하거나 다툼이 길어지거나 심해지는 경우를 생각해 보자. 이는 상처를 주고받는다기보다는 격렬하게 화가 난 것이다. 이때 오간 말을 곱씹으면 두고두고 기분이 나쁘지만 그뿐이다.

부모들은 자녀가 어버이날 혹은 생일에 선물을 주지 않거나 잊었을 때 상처를 받았다고 생각할 수 있다. 하지만 그건 부모로서 자녀에 대한 보상 심리가 있어 잠시 화가 난 것이다. 그러므로 이런 일은 쉽게 풀어진다.

다른 경우를 예로 들어 보겠다. 모임에서 나에게만 연락을 하지 않았다면 어처구니가 없을 것이다. 그러나 사실 나는 그동안 모임에 많이 빠졌었다. 그렇지만 그동안 간식을 사간 적도 있었고 밥을 산 적도 있었으므로 연락을 받지 못하자 분노가 치밀어 올랐다. 이런 경우도 상처를 받을 환경이 조성되었지만 그보다 먼저 화가 날 것이다. '내가 왕따를 당했구나, 왕따란 이런 것이구나, 내가 이렇게 제외될 수 있구나' 하는 식의 부정적인 생각에 빠지는 것은 자신에게 도움이 되지 않는다.

이 경우는 빨리 해결을 하지 않으면 상처가 될 수 있다. 그러므로 빨리 이 기분에서 벗어나 해결을 위해 적극 나서야 한다.

모임을 주재하는 사람에게 연락하지 않은 이유를 물은 후 연락을 못 받으니 섭섭했고 다음부터는 연락해달라고 부탁해야 한다. 상대방의 태도에 따라 약간의 화를 내도 좋다. 하지만 그에게 일방적으로 화풀이를 해서 섭섭함을 풀려고 하지는 말자. 그렇게 되면 부정적인 대화가 오가고 그런 과정이 바로 상처가 되기 때문이다.

만일 앞으로도 그 모임에 참여할 생각이 없으면 이 기회에 탈퇴를 고려해 보자. 그리고 그동안 모임에 열심히 참석하지 않았던 잘못을 돌아보는 것은 성숙한 태도로 앞으로의 대인관계에 좋은 영향을 줄 것이다.

택배기사와의 마찰, 공공기관의 서비스 부족에 대한 불만, 불친절한 가게 직원들에 대한 분노, 상거래상의 다툼으로 인해 드는 감정은 대부분 화가 났다고 봐야 한다. 주고받은 게 없는 사이에서는 화가 아무리 많이 났을지라도 상처로 발전하지는 않기 때문이다. 정당하게 따지고 입장을 설명하고 언성을 높여도 그 뒤에 특별히 부끄러운 마음이 들거나 하지는 않을 것이다.

물론 화를 가라앉히는 과정이 남아 있다. 화가 날 때는 그럴 만한 상황이 조성되어 있다. 그러나 화를 낼 수밖에 없는 조건이 감정을 억제해주지 않아도 물이 끓을 때 불을 줄이면 금방 잦아들듯이 화도 가라앉힐 수 있다. 이것이 상처와 다른 점인데 만일 가라앉히지 못하면 다른 곳에 화풀이를 하게 된다.

영화 〈폴링 다운〉은 치밀어 오르는 화를 감당하지 못해 극단으로 치닫는 상황을 잘 보여준다. 주인공 디펜스는 아이와 아내를 때려 이혼을 당했으며 법원으로부터 접근금지 처분을 받는다. 그리고 연이어 회사에서 해고당한다. 그날이 디펜스에게는 최악의 날이었던 셈이다.

그날은 무더운 날씨인 데다 도로는 차가 많아 앞으로도 뒤로도 갈 수 없다. 게다가 에어컨까지 고장이 나 차 안은 펄펄 끓는다. 디펜스는 더 이상 참지 못하고 문을 박차고 나온다. 어린 딸과 통화하기 위해 전화를 했지만 이혼한 부인은 바꿔주기는커녕 듣지도 않고 전화를 끊어버린다. 그야말로 폭발 일보 직전인 디펜스의 눈에 보이는 모든 것은 자신을 전혀 배려하지 않는 것들이다. 결국 그는 우연히 얻은 총을 들고 거리로 뛰쳐나가 무차별 폭력을 행사하며 분노를 쏟아낸다.

이는 영화의 이야기지만, 요즘 우리가 매일 뉴스에서 접하는 사건은 이와 조금도 다르지 않다. 현실의 분노를 주체하지 못하는 사람이 무기를 들고 거리로 나가 무작위의 사람들을 칼로 찌르고 총으로 쏘아 죽이는 일을 너무 자주 접하게 된다.

영화에서 보여주는 디펜스의 절망적인 상황은 매일매일 경쟁을 치르며 온갖 스트레스에 시달리며 살고 있는 우리의 모습을 상징적으로 보여주는 것이다. 그래서 우리가 겪는 모든 상황은 나 자신을 코너로 몰고갈 수 있는 가능성이 있다. 그럴 때마다 풀어낼 방법을 찾지 않으면 디펜스처럼 총을 들고 거리로 나가는 일이 벌어질 수 있다.

이번에는 슬픔을 생각해 보자.

슬픔은 넓고 깊다. 슬픔에 비하면 상처는 뾰족하다. 슬픔은 순해서 다른 감정보다 아름답게 묘사할 수 있다. 김영랑은 시에서 '찬란한 슬픔의 봄'이라고 읊었다.

슬픔은 견뎌내는 행위를 동반한다. 그러므로 슬픈 일을 당했을 때는 오로지 그 슬픔만으로 아파해야 한다. 슬픔은 풀어내는 게 아니라 고스란히 견뎌내야 한다. 어떻게든 풀어내려고 하면 대상을 향하게 되고 그것은 상처로 전이된다. 그럴 때 슬픔은 본질에서 멀어지고 추한 외형만 남는다.

상처받아 우는 사람은 억울함과 배신감으로 서러움에 복받치지만, 슬퍼서 우는 사람은 슬픈 감정만 있는 것이다. 상처는 빨리 치유해야 후유증이 남지 않지만 슬픔은 시간이 필요하다. 그래서 슬픔은 자연스럽다.

슬픔이 상처로 전이된 것을 모르고 상처를 치유하는 데 집중하면 남은 슬픔은 또 다른 상처를 만든다.

이런 경우를 보면 이해가 될 것이다. 어떤 사람이 10년 넘게 기르던 반려견을 병으로 잃었다. 상실감으로 가득 차 있을 때 지인이 사람도 아니고 기르던 개가 죽었을 뿐인데 뭐 그리 슬퍼하냐고 슬쩍 비난했다. 그러나 그는 개를 가족처럼 생각하는 사람이었다. 가뜩이나 예민하고 상심해 있는 상태에서 그런 말은 바로 가슴에 꽂혔다. 그날부터 슬픔 위에 지인에 대한 증오가 덧씌워졌다. 그는 지인의 말에 자신이 상처받았다고 생각했다.

물론 지인은 진심으로 슬퍼하고 있는 사람에게 그런 말을 해서는 안 되는 것이었다. 반려견을 잃은 사람의 슬픔은 경험해 보지 않은 사람은 이해할 수가 없다. 비록 개이기는 해도 키우는 사람에게는 자식이나 마찬가지다. 다른 사람이 소중하게 생각하는 것에 대해서는 견해가 다르더라도 그 소중함을 인정해야 한다. 더구나 다른 이의 슬픔 앞에서 그렇게 말하는 것은 지인으로서 도리가 아니다.

그렇다고 지인이 죽을죄를 지은 것은 아니다. 그저 자신의 생각을 무심히 말했던 것이다. 개를 잃은 사람은 미움이라는 강렬한 감정으로 슬픔을 이기려고 했지만 슬픔은 그렇게 이겨내는 것이 아니다. 슬픔 그 자체로 건너가야 이겨낼 수 있다. 그래야 그리움과 아쉬움을 온전히 담을 수 있다.

상실감이 가시기 전에 반려견과 무관한 누군가에게 들은 이야기는 흘려버리는 것이 옳다. 그런 말은 중요하지도 않으며 겪고 있는 슬픔과는 전혀 상관이 없다. 흘려버려야 할 말은 단지 약간의 찰과상에 불과할 뿐이다.

우리는 상처의 본질을 확실히 알아야 한다. 지금 내가 겪고 있는 슬픔이나 아픔이 시작된 곳에 다른 상처를 더하지 말고 원인에 집중해야 한다.

슬픔을 다른 곳으로 돌리는 또 다른 사례가 있다.

장례식을 치르면서 집안싸움이 일어나는 것을 종종 본다. 싸움의 원인은 재산 분배, 또는 부모님 살아생전에 쌓였던 불만의 표출 등이 주된 이유지만, 대부분 슬픔을 다른 곳으로 돌리려다가 일어난다.

사람들은 왜 장례식이라는 엄숙한 상황에서 다른 감정을 개입하려는 것일까. 그것은 감당하기 힘든 현실을 견디기 위한 하나의 돌파구를 찾으려는 행동일 수도 있고, 가족으로서 고인에게서 받지 못했던 것이 있을 때 드러나는 보상 심리 같은 것일 수도 있다. 또는 고인에게 도리를 다하지 못해서 남아 있는 아쉬운 감정을 풀어내려는 것일 수도 있다.

사람들은 나쁜 일 앞에서는 그것을 대체할 제물을 필요로 한다. 부모의 죽음 앞에서 싸움을 하는 것도 그런 유형으로 볼 수 있다.

이청준의 소설 《축제》에는 그러한 인간의 모습이 그려져 있다.

이 소설은 치매로 세상을 떠난 87세 노인의 장례식을 치르는 3일간의 이야기를 담고 있다.

장례식을 치르는 동안 갈등의 표면에 나서는 두 인물이 있다. 고인의 아들 이준섭과 고인의 손녀이며 준섭의 조카인 용순이다. 40대의 성공한 작가 이준섭은 어머니의 장례식에서 침묵을 지키며 슬픔을 삭인다. 그는 어머니에게 죄책감을 갖고 있다. 전쟁 때 남편을 잃고 홀로 자식을 키운 어머니는 전형적인 희생형 어머니로, 준섭은 중학교 입학을 하면서 도시의 친척집으로 떠날 때 남겨진 어머니에게 곧 돌아오겠다고 약속을 하지만 학업과 도시에서의 삶이 이어지며 돌아오지 못한다. 그는 작가로서 성공했지만 어머니를 모시지 못한 죄책감을 갖고 있다.

용순은 준섭의 형이 밖에서 낳은 자식으로 형은 용순이 태어나고 얼마 되지 않아 죽었다. 용순을 집에 데리고 온 것은 준섭의 어머니였다. 준섭의 형수는 이미 두 아들이 있었으므로 죽은 남편의 딸이 좋을 리 없다. 용순은 자신을 싫어하는 배다른 형제들과 친절하지 않은 아버지의 부인에게서 가족의 정을 전혀 느낄 수 없지만 할머니의 사랑으로 버틴다. 그리고 어느 날 집을 떠난 후 돌아오지 않는다.

할머니에 대한 깊은 애정을 갖고 있었지만 그것을 갚지 못한 용순의 죄책감은 준섭에 대한 적의로 드러난다. 준섭에게 할머니와 가족을 글로 팔아먹었다고 막무가내로 덤벼드는 용순의 적의와 내내 침묵으로 일관하는 준섭의 침묵에서 슬픔의 변형이 엿보인다. 그들이 갖고 있는 상실의 구멍이 그들의 행동을 통해 느껴지고 그것을 메우기 위해 얼마나 긴 시간이 필요할지 가슴에 와닿는다.

하늘이 무너질 만큼 큰 슬픔은 견디기 어렵다. 그 슬픔을 이겨내는 방법은 시간에 맡기는 것뿐이다. 시간이 흐르면서 우리의 슬픔을 희석시켜 아픔이 조금씩 잦아드는 것 이외에 슬픔을 당장 우리 마음속에서 지우는 방법은 없다.

지금, 어떤 일로 슬픔에 잠겨 감당하기 힘들고 삶의 의욕이 떨어진다 해도 그것을 상처로 확대하지 말아야 한다. 어떤 대상을 향해 슬픔을 풀어내려고 한다면 그에게 상처를 줄 수 있고, 내게도 상처가 될 수 있으며, 결국 슬픔 위에 상처를 한 겹 더 얹게 된다.

이제 명심하자.
화가 난 것과 슬픔은 상처가 아니지만 그것이 깊어지면 가슴속에 상처로 자리잡게 된다.

슬픔에 비하면 상처는 뾰족하다.
슬픔은 풀어내는 게 아니라 고스란히 견뎌내야 한다.
어떻게든 풀어내려고 하면 대상을 향하게 되고
그것은 상처로 전이된다.
지금 내가 겪고 있는 슬픔이나 아픔이 시작된 곳에
다른 상처를 더하지 말고 원인에 집중해야 한다.

상처 주는 세상에서
상처받지 않는 방법

01

상처 준 사람보다
내가 가진 장점은 무엇인가?

비록 많은 사람을 웃기더라도
한 사람에게 상처를 주는 말이라면 나쁜 말이다.
남에게 피해를 주지 않고 사람들을 즐겁게 해주는 사람은
훌륭하다고 칭찬받을 만하다.
세르반테스

상처받은 후 괴롭고 힘든 시간 속에서 점점 또렷해지는 것이 있다. 바로 상처 준 사람에 대한 미움이다. 누군가를 미워할 때 우리의 에너지를 측정해 보면 아마도 모든 것을 불태울 수 있을 정도일 것이다.

그래서 이런 공식을 도출해 볼 수 있다.

상처 극복 = 상처 준 사람을 극복하는 것

상처에 관한 강의를 하면서 수강자들에게 상처를 받고 나서의

상태에 대해 물어보았다. 가장 큰 공통점은 상처를 받은 후 시간이 지나면 상처의 구체적인 내용보다 상대방에 대한 미움의 감정이 깊어진다는 것이었다. 상태가 좋아져도 그 미움은 워낙에 뿌리가 깊어서 쉽게 가시지 않는다고 했다.

용서란 상당히 객관적이면서도 포괄적인 행위다. 그래서 개인적으로 해야 할 때는 핑계가 많아진다. 또 혼자만 하는 용서는 효력이 없고 지속력이 떨어진다. 그렇다고 상대방을 만나서 내가 너를 미워하고 있으니 우리 서로 용서하자고 담판을 짓는 행동은 용서가 아니라 분풀이에 가깝다.

상처 치유를 위해서는 혼자 할 수 있는 것이 필요하다. 현재 나를 힘들게 하는 사람은 나에게 상처를 준 사람이고 그 사람에 대한 부정적인 감정이 내 상처를 깊어지게 하고 있으니 목표를 그에게 두어야 한다. 그러므로 가장 좋은 방법은 그를 넘어서는 것이다.

넘어서는 가장 쉬운 방법은 그보다 내가 더 훌륭한 점을 찾는 것이다. 상대를 깎아내려서 마음의 위안을 삼으라는 게 아니라 내가 높아지라는 뜻이다.

찾고자 하는 훌륭한 점이 너무 막연하면 안 된다. '내가 더 행복하다', '내가 더 기쁠 때가 많다'와 같이 추상적인 것은 안 된다. 나는 왜 행복한지, 어떤 기쁜 일이 많은지를 상당히 구체적으로 찾아내야 한다.

내가 더 예쁘게 생겼다, 내 키가 더 크다, 내가 컴퓨터를 더 잘한다, 내가 더 친절하고 잘 웃어서 사람들이 나를 더 좋아한다, 나의 배우자가 더 너그럽다, 내가 친구가 더 많다, 내가 독서를 더 많이 한다, 그는 신문을 구독하지 않는데 나는 구독하고 있다 등등 유치할 정도로 구체적인 것이 좋다. 많으면 많을수록 그 효과는 더욱 커진다.

그럼, 이제 연습을 해 보자. 나의 훌륭한 점을 찾으려면 직접 써 보는 것이 가장 확실하다.

눈으로 보면 확실해지므로 기분이 좋아진다. 밑에 나에게 상처 준 사람의 이름을 쓰고, 그 밑에는 그보다 내가 더 훌륭한 점을 쓴다.

● 내게 상처를 줘서 미운 사람의 이름

● 그보다 내가 더 훌륭한 점

이제 내가 그 사람보다 훌륭한 것이 있다는 사실을 분명하게 알게 되었을 것이다. 나는 마음만 먹으면 그 훌륭한 점으로 상대에게 상처를 줄 수 있었지만 그렇게 하지 않았으므로 그 사람보다 훌륭한 점에 한 가지를 더 추가할 수 있다.

여기에 두 가지 팁이 있다. 상대방에게 어려운 일이 있었거나 현재 그런 상황에 처해 있다면 그 사정을 이해해 보려고 하는 것이다. 상담자 중에 이런 경우가 있었다.

그에게는 공부를 잘했던 친구가 있는데 그는 학창시절 성적이 좋지 않았다. 어른이 되어 그런 과거는 그리 중요한 것이 아니라고 생각했지만 그에게는 공부를 못했던 것이 늘 아쉬움으로 남아 있었다. 그런데 어느 날 그의 친구가 사람들 앞에서 자신과 그의 성적에 관한 이야기를 늘어놓았다. 친구는 농담조로 한 이야기였지만 그는 심하게 상처를 받았다.

무시당했다는 생각을 지울 수 없어서 하루하루 상처를 키워 가고 있었는데 어느 날 그는 친구의 자녀에게 지병이 있다는 이야기를 듣게 되었다. 부모에게 아픈 자식처럼 힘든 것이 어디 있을까 하는 생각에 그는 진심으로 친구의 처지에 마음이 아팠다고 한다. 또한 친구에 대한 미움이 사라져버렸다고 한다.

상대방의 어려운 처지에 비하면 나의 상처는 별것 아니라는 생각이 들면 그를 이해할 수 있다. 또는 그가 얼마나 힘들까만을 생각해도 내 마음은 풀어질 수 있다.

또 하나의 방법은 내가 알고 있는 그 사람의 좋은 점을 상기하는 것이다. 그중에서도 내게 잘 해주었던 기억을 떠올리면 그가 처음부터 나쁜 사람은 아니었다는 사실을 알게 된다.

밥 한 끼, 커피 한 잔, 또는 따뜻한 말 한마디라도 그에게 받았던 것이 있다면 그것을 계속해서 생각하도록 하자. 그가 나에게 나쁘게 하려는 의도가 아니었다는 생각이 들면 내 상처가 조금 옅어질 것이다.

'상대를 어떻게든 받아들이겠다는 마음을 갖는 나는 장점이 많은 사람이다. 또 상처 준 사람의 어려움을 이해하고 있는 나는 그보다 더 훌륭한 사람이다.'

이런 생각은 상처로 젖어 있던 패배의식을 없애주며 자신감을 회복시켜주는 역할을 한다. 그렇게 회복된 건강한 자아는 다른 상처까지도 쉽게 극복할 수 있을 것이다.

상처를 받은 후 시간이 지나면 상처의 구체적인 내용보다
상대방에 대한 미움의 감정이 깊어진다.
상태가 좋아져도 그 미움은 워낙에 뿌리가 깊어서 쉽게 가시지 않는다.

02

오늘보다 나은
자신을 만드는 데 집중하라

어떤 삶을 만들어갈 것인가는 전적으로
나 자신에게 달려 있다.
필요한 해답은 모두 내 안에 있다.
하인츠 쾨르너

영화를 보면 원수에 대한 복수를 할 때 두 가지 유형이 있다. 하나
는 너 죽고 나 죽자 식으로 둘 다 망가지는 경우이고, 다른 하나는
복수를 위해 꾸준히 자신을 연마하는 경우다. 전자는 무모한 복수
로 복수 자체에는 성공했을지라도 남는 것은 상처뿐인 영광이다.
그러므로 최고의 복수는 내가 행복해지는 것이다.

미국 레이건 전 대통령이 소련(러시아)에 대응하기 위해 실시했던
정책은 '자신의 성장이 가장 큰 복수'라는 사실을 잘 보여준 예라
고 할 수 있다.

1981년 로널드 레이건이 대통령에 당선된 시기는 구소련이 아프

가니스탄을 침공함으로써 신 냉전시대가 막 시작된 때였다. 공화당의 강력한 보수주의자인 레이건은 소련을 악의 제국으로 칭하고 압박을 가하는 정책을 폈다. 그것은 군사력을 소련에 쏟아부은 것이 아니라 미국의 군사력을 증강시키는 방법이었다.

소련은 미국의 군사력 증강을 따르다가는 경제적 파탄을 각오해야 했으므로 당시 서기장 고르바초프는 군사력 증강을 멈추고 핵개발실험 중지를 선언한다.

이어서 미국과 소련의 군축 협상이 시작되었고 결국 1989년 냉전이 종식되었다. 그해에 동유럽 모든 공산주의가 붕괴되었고, 1년 후 독일이 통일되었으며, 1991년 소련연방이 해체되었다.

만약 상대에게 공격을 퍼부어 상대를 파괴하는 일반적인 전략으로 소련에게 맞섰다면 레이건은 최종 승자가 되지 못했을 것이다. 그러나 자신의 힘을 강화함으로써 그것으로 인해 마치 도미노가 쓰러지듯 자신에게 유리한 후속 결과가 이어진 것이다.

레이건의 이러한 대 소련정책이 화해의 방법으로 자주 인용되는 이유는 성장과 보복의 적절한 조화 때문이다. 이는 국가뿐만 아니라 개인 간의 관계에서도 유용하다. 상처를 통해 알게 된 자신의 부족한 점을 개선하여 성장의 계기로 만들면 상처는 오히려 성장을 위한 단비가 된다.

상처를 받았을 때 우선적으로 해야 할 것은 괴로워하며 감정을 소모할 것이 아니라 자신을 강하게 만드는 것이다. 그것은 바로 나를 성장시키는 것이다. 자신을 성장시키기 위해 노력하면 상처는 멀어질 뿐 아니라 더 이상 상처받지 않는다는 자신감을 가질 수 있다.

학력 때문에 상처를 받았다면 지적인 면을 향상시켜야 한다. 학력보다 내실이 중요하다고 스스로 믿어야 한다. 가방끈이 짧아도 성공한 사람은 수없이 많다. 그들이 얼마나 노력했을지 상상해 보라. 아무런 노력도 하지 않고 짧은 가방끈만 탓한다면 학력은 언제나 열등감이 되고 자신을 더 위축시킬 뿐이다.

그렇다면 어떤 노력을 해야 할까. 서점에 자주 들러 책을 읽는 것이다. 어려운 책을 읽으려 하지 말고 잘 읽히는 책부터 시작해 많은 책을 읽어 보자. 어떤 자리에 가서도 어떤 주제든 이야기할 수 있고 남들보다 더 많은 이야기를 할 수 있다면 학력은 문제가 되지 않을 것이다.

신문도 구독하라. 인터넷에서 검색하는 뉴스는 요약된 사실만을 두서없이 전해주지만, 신문을 읽으면 원인과 결과를 일목요연하게 파악할 수 있다. 또 사설은 가장 핵심적이고 중요한 사실의 설명이고, 오피니언은 근사한 수필이다.

또 영화를 통해 다른 인생을 간접적으로 경험하는 것도 좋다. 영화는 인간사를 함축적으로 보여주며 인간사에서 일어나는 많은 문제의 해결점을 제시해주는 좋은 카운슬러다. 그리고 텔레비전의 사회적 이슈가 되는 문제들이나 정치 현안을 주제로 한 토론 프로그램은 보는 것만으로도 많은 지식을 얻을 수 있다.

만일 그것으로도 채워지지 않고 학력이 계속해서 열등감이 된다면 늦었다는 생각을 버리고 진학을 준비하는 것도 좋다. 100세 시대를 살기 위해서는 몇 번의 직업을 바꾸는 것이 일반화될 것이다. 새로운 배움을 통해 자신의 새로운 진로가 열리는 기회가 될 수도 있다.

경제적인 문제로 받은 상처는 형편이 좋아지면 쉽게 회복된다. 하지만 형편이 좋아지지 않으면 이전의 상처는 치유되지 않고 그 위에 다른 상처가 더해지는 악순환이 계속된다. 우리 사회에서 가진 게 없어서 받는 서러움은 작지 않으며, 가난은 살아가는 데 큰 불편이 될 수밖에 없다. 그래서 어떻게든 경제적인 문제로 인한 상처는 극복하고 떨쳐내야 한다.

우선 자신의 형편대로 떳떳하게 살아야 한다. 너무 위를 보지 말고 현재 가진 것에서 최선을 다하면 된다. 소비보다는 알뜰살뜰 절약하고 모으는 것이다. 절약은 부끄러운 일이 아니라 건전한 삶의 방식이다. 돈을 아무리 많이 벌어도 소비가 크면 밑 빠진 독에 물을 붓는 격이다. 프랑스의 대문호 발자크는 하루에 40잔 이상의 커피를 마시며 글을 썼는데 커피를 많이 마신 이유는 한 자라도 더 써서 돈을 벌기 위해서였다. 그는 성공한 소설가로 많은 돈을 벌었지만 사치와 허영심으로 빚에 시달리며 하루 평균 12시간 이상씩 글을 썼다. 평생 5만 잔 정도를 마신 발자크는 카페인 중독으로 죽었다.

경제적으로 어려운 시간은 험한 세상을 사는 데 강인한 정신력을 갖게 한다. 편안한 삶은 정신을 나약하게 하지만 경제적으로 어려운 삶은 정신을 단련시켜주어 인생에서 어떤 어려움을 만났을 때 극복하게 해주는 밑바탕이 된다. 정신적인 경험과 강인함은 우리가 삶을 사는 데 돈보다 더 큰 밑천임은 틀림없다. 그런 의미에서 남과 비교해 돈이 없다고 상처를 받을 것이 아니라 그것을 밑천 삼아 노력하며 살 필요가 있다.

외모와 관련해 상처를 받는다면 알아두어야 할 사실이 하나 있다. 이 세상에 자신의 외모에 만족하는 사람은 없다. 만약 외모가 마음에 들지 않아 성형 수술을 해서 예뻐졌다면 더 예뻐지고 싶은 것이 인간의 심리다.

외모 때문에 상처를 심하게 받거나 콤플렉스로 인해 정상적인 사회생활이 어려운 사람들을 뽑아 성형을 시켜줌으로써 자존감을 향상시켜주는 〈렛미인〉이라는 프로그램이 있었다. 여기에서 의사들이 매번 빼놓지 않고 하는 말이 있었다. "성형 수술보다는 정신적인 치유가 먼저 선행되어야 합니다." 이는 마음가짐이 더 중요하다는 의미다.

우리나라처럼 외모를 중시하는 사회에서 외모에 신경을 쓰지 않고 살기란 어렵지만 자신이 자신에 대한 마음가짐을 어떻게 가지느냐도 중요하다. 아무리 좋은 외모를 갖고 있어도 더 높은 기준에 자신을 맞추려 든다면 계속해서 불행할 것이고, 남들보다 떨어지는 외모를 갖고 있다 해도 다른 부분을 개발하고 노력해 자신감을 갖고 자신을 사랑한다면 충만한 삶을 살 수 있을 것이다.

그러나 외모 중에서 비만은 충분히 자신의 의지로 해결이 가능하다. 생활에서 비만은 건강을 해치고 미관상 좋지 않은 인상을 줄 수 있기 때문에 관리를 할 필요가 있다.

그리고 자신을 성장시키는 데 또 한 가지 도움이 되는 일은 집안 대

청소를 하는 것이다. 청소는 해도 해도 끝이 없으므로 분명 상처 받고 힘들어하는 동안은 다른 때보다 청소에 신경을 쓰지 못했을 것이다. 옷장, 서랍, 선반의 물건들을 다 꺼내 쓰지 않는 물건들을 모두 버리고 구석구석 쌓인 먼지를 털어내면서 마음을 새롭게 하는 것은 실제로 큰 효과가 있다. 깨끗한 환경은 분명 심신을 편안하게 해줄 것이다.

또한 허물어진 자신을 그대로 방치해서는 안 된다. 미국의 범죄학자 제임스 윌슨과 조지켈링이 주장한 '깨진 창문 이론'은 깨진 유리창을 그대로 방치하면 그 지점을 중심으로 범죄가 확산된다는 이론이다. 이는 사소해 보이는 것이 큰 문제로 이어질 가능성이 크다는 것을 말한다.

상처 또한 그렇다. 치유하지 않은 상처를 그대로 갖고 있으면 다른 상처의 침투가 쉽다. 그것은 상처를 쉽게 받는 사람들의 특징이기도 하다. 상처의 치유는 깨진 창문처럼 신속히 복구해야 하고, 또한 이를 통해 확산되지 않도록 자신의 안전을 위해 꼭 필요한 일이다.

자신의 노력으로 무언가를 성취할 때 느끼는 희열은 매우 크다. 그것은 상처를 극복하는 데 큰 도움이 된다. 우리가 비교하면서 살아야 할 것은 남이 아니라 자기 자신이다. 어제보다 나은 나를 위해 끊임없이 노력한다면 남과 비교해 못하다는 열등감으로 상처 받는 일은 없을 것이다.

상처를 통해 알게 된 자신의
부족한 점을 개선하여 성장의 계기로 만들면 상처는
오히려 더 나은 삶을 위한 단비가 된다.

03

생각의 감옥을 벗어날 수 있는
취미를 찾자

항상 생각과 말과 행동이 완전한 조화를 이루도록 하라.
항상 생각을 정화하는 것을 목표로 삼으면 모든 일이 잘될 것이다.
마하트마 간디

상처를 치유하는 데는 어느 정도의 시간이 걸린다. 그 시간을 상처에서 조금이라도 멀어져 있기 위해 취미생활을 해 보는 것이 좋다. 여기서 취미는 전문적인 수준의 취미가 아니라 부담이 없으면서 몰두할 수 있는 활동을 말한다. 취미에 몰두할 수 있다면 부정적인 감정으로 쏠리는 정신을 분산할 수 있어 상처 극복에도 큰 도움이 된다. 중병에 걸린 환자에게 의사가 목공예를 권하는 것도 환자가 거기에 몰두해 병에 대한 걱정이나 고통을 잊게 하기 위해서다.

취미를 선택할 때는 가급적 성취감을 느낄 수 있는 것이 좋다. 그 전부터 하던 것보다는 다른 것에 도전해 보는 것도 좋다.

영화 〈실버라이닝 플레이북〉은 상처로 현재의 삶이 망가진 남녀가 상처를 극복하고 망가진 삶을 바로잡아가는 과정을 보여준다. 그들이 선택한 것은 춤이었다.

교사인 팻은 사랑한다고 믿었던 아내의 외도 현장을 목격하자 이성을 잃고 상대 남자를 폭행한다. 그리고 분노조절장애를 겪게 되면서 직장과 아내, 집을 모두 잃는다. 그는 8개월 동안 정신병원에서 치료를 받은 후 퇴원한다. 팻의 부모를 비롯해 주변 사람들은 그의 심리적 안정을 위해 마음을 쓰지만 아내와의 재결합을 원하는 팻에게 떠나버린 아내의 빈자리는 크기만 하다. 그러나 그는 자신이 아내를 아직도 사랑하는 것인지, 아니면 배신감을 다 풀지 못해 그녀에 대한 감정이 남아 있는 것인지 정확히 알지 못한다. 다만 지난 일에 대한 작은 단서라도 있으면 분노를 참지 못한다. 그에게 아내와의 일은 너무도 깊은 상처로 남아 있어 그의 일상은 불안하고 주변사람들도 그로 인해 불안하기는 마찬가지다.

한편 티파니는 교통사고로 남편을 잃은 여인이다. 남편이 죽기 전 의견 차이가 있어 서로 갈등 중이었으므로 티파니는 남편의 죽음에 대해 죄의식을 갖고 있다. 자신에 대한 분노와 외로움으로 그녀는 다니던 직장의 모든 남자와 관계를 맺다가 해고를 당한다. 주변 사람들은 그녀를 창녀라고 생각한다.

티파니는 몇 년 동안 취미로 춤을 추었었는데 프로들만 나가는 댄스대회에 출전하겠다는 목표를 세우고 연습 중이다.

같은 동네에 살고 있는 팻과 티파니는 서로의 상처를 알아본다.

티파니는 팻에게 함께 대회에 나갈 것을 제의한다. 한 번도 춤을 춰 본 적이 없는 팻은 티파니의 지도로 연습을 시작한다. 그들은 음악을 듣고 동작을 연구한다. 그들에게 춤은 집중력과 절제력, 협동심을 요구하는 새로운 세계였고 춤을 추는 동안 현실을 잊을 수 있는 일종의 안식처가 되어준다.

팻의 부모와 티파니의 가족들은 두 사람을 응원해주고 두 사람은 대회에 출전해 춤을 춘다. 춤을 추는 그들의 열정적인 눈빛과 동작에는 그들이 이 춤을 마치면 상처에서 회복되어 정상적인 삶을 살아갈 거라는 희망이 담겨 있다. 그리고 두 사람은 대회에서 좋은 성적을 거두면서 과거의 어두운 기억에서 벗어나 이제 새로운 사랑을 시작할 것임을 선언한다.

티파니의 연습실은 처음에는 현실과 동떨어져 있는 공간이었다. 그래서 그곳은 다른 사람들과 다르게 살고 있는 그들에게 가장 어울리는 장소였다. 그러나 두 사람이 춤에 몰두하면서 동작을 완성해 나가는 동안 연습실은 상처로 얼룩져 있던 그들의 삶에 다른 힘이 들어오는 치료의 공간으로 변한다. 그리고 온통 분노와 좌절의 감정에 집중해 있던 자아를 다른 것으로 빠져들어가게 하면서 자유를 느끼게 해준다. 팻과 티파니에게 춤은 최고의 치료제이자 인생의 전환점이 되었다.

또 음악을 통해 치유를 얻는 사람들의 이야기가 있다. 제2차 세계대전 때의 실화를 바탕으로 한 영화 〈파라다이스 로드〉는 극한 상황에서 음악의 힘이 인간 이하의 삶을 버티게 하는 정신적인 버팀목이 되는 것을 보여준다.

제2차 세계대전 중 일본군이 싱가포르를 점령하자 싱가포르에 주둔해 있던 연합군측 부인들과 아이들은 자신의 나라로 돌아가기 위해 배를 타고 출발한다. 가는 도중 일본군의 공격으로 배는 난파되고, 살아남은 여자들은 수마트라 섬에 있는 포로수용소로 보내진다.

수용소에는 습하고 더운 날씨와 부족한 식량으로 인해 질병이 돌고 죽어가는 사람이 늘어간다.

포로들은 귀족, 가난한 사람, 배운 사람과 못 배운 사람들이 섞여 있고 서로 국적이 달라서 반목과 불화가 끊이지 않는다.

영국인 아드리앤과 선교사 마가렛은 둘 다 음악을 공부했던 경험을 살려 포로들을 규합하기 위해 합창단을 만들기로 한다. 열악한 환경과 가능성에 대한 불확신, 일본군의 비협조로 시작은 순조롭지 못했지만 아드리앤은 사람들을 설득해서 연습을 시작한다. 피아노는커녕 악보도 없어서 마가렛은 노래를 흥얼거리며 악보를 만들고, 아드리앤은 한 소절씩 불러주면서 연습을 시킨다. 여자들은 점점 노래에 열중한다.

반주 없이 오직 목소리만으로 만들어내는 합창은 많은 사람을 매료시킨다. 그들은 노래를 부르는 순간만은 포로수용소에 갇힌 포로로서의 괴로움과 시련을 잠시 내려놓을 수 있다. 노래는 그들에게 현실을 잊게 해주는 안식처이자 전쟁이 끝나 예전의 삶으로 되돌아가기를 염원하는 희망을 향한 매개체가 되어 준다.

우리 삶에서 절망을 벗어나기 위해서는 어떤 매개체가 필요하다. 이것은 절망이라는 어둠 속에서 희망이라는 빛을 찾게 하는 나침반과도 같다.

베네수엘라의 엘 시스테마는 음악을 매개체로 시작한 교육 프로그램이다. 베네수엘라의 빈민층은 도덕적 가치보다 생존이 더 중요했기에 어린이와 청소년들은 쉽게 범죄조직에 가담했다.

1975년 베네수엘라는 국가 차원에서 저소득층 음악교육프로그램으로 오케스트라를 만들었으며 결과는 대성공이었다. 현재까지 30만 명의 청소년이 이 프로그램을 거쳐 갔으며, LA필하모닉 상임지휘자 구스타보 두다멜, 베를린 필하모닉의 더블베이스 연주자 에딕슨 루이즈 등 유명한 음악인을 배출하기도 했다. 단순히 학교의 교육과정만으로 이들을 교육했다면 그러한 성공은 절대 가능하지 않았을 것이다. 이처럼 새롭고 몰두할 수 있는 목표는 그 이상의 결과를 가져온다.

혼자 간단하게 할 수 있는 새로운 취미로 달리기도 좋다. 평소 뛸 수 있는 한계보다 약간 더 먼 거리를 목표로 잡고 도전해 보는 것이다. 뚜렷한 목표가 필요하다면 마라톤 대회에 참가하는 것도 좋은 방법이다.

영화를 즐기는 것도 좋다. 영화는 짧은 시간에 내가 경험하지 못하는 다른 인생을 접할 수 있게 해준다. 한 달이든 두 달이든 매일 한 편씩의 영화를 본다면 모든 인생을 조금씩 경험해 볼 수 있다. 남들의 다양한 경험을 보면서 자신의 시야를 크게 넓힐 수 있는 것은 물론 삶에서 해결하지 못하는 문제들을 풀 수 있는 힌트를 얻을 수도 있다.

당분간 아무 생각을 하고 싶지 않도록 만드는 중독성 있는 드라마도 좋다. 드라마는 연결해서 봐야 하기 때문에 한동안 아예 다른 세계 속에서 살다 나올 수 있다. 현재 나를 괴롭히는 일이 있거나 마음이 괴로울 때 복잡한 생각을 하지 않고 드라마에 빠져 머릿속을 비우는 것도 문제 해결을 위한 또 다른 실마리를 얻는 계기가 될 수 있다. 특히 비현실적 주제의 미드는 도저히 빠져나올 수 없는 마력이 있어 현실에서 벗어나고 싶을 때 큰 도움이 될 것이다.

활동적이라기보다 정적인 사람이라면 퀼트도 좋고 십자수도 좋다. 약간의 연습이 끝나면 조금 큰 작품을 하나 만드는 것이 좋다. 완성의 기쁨은 큰 성취감을 가져다준다. 만들면서 음악이나 라디오를 듣거나 집중하지 않아도 되는 텔레비전 프로를 보자. 조용한 공간에서 만들면 손으로는 만들면서 머릿속으로는 계속 상처받은 일을 생각하거나 상처 준 사람을 생각할 것이기 때문이다.

취미의 연장으로 스스로를 위한 이벤트를 하는 것도 좋다. 그중에서 여행은 가장 추천할 만하다. 여행이라고 해서 거창하게 계획하지 말고 그저 일상의 테두리를 잠시 벗어나는 정도로 생각하자. 많이 알려진 관광지보다는 내가 사는 곳에서 떨어진 곳이면 된다.

낯선 곳에서 저녁의 향기를 맡고 소박한 식사를 하면 마음의 응어리가 서서히 풀릴 것이다. 좋은 음악을 골라 듣고 아름다운 시집이나 에세이집을 꼭 갖고 가자. 이때만은 스마트 폰을 만지작거리면서 뉴스를 검색하고 여기저기 사이트를 돌아다니지 말자. 그렇게 하면 여행을 떠나는 보람이 없다.

여행지는 반드시 낯선 곳이어야 한다. 한 번도 만난 적 없고 앞으로도 만날 일이 없는 낯선 사람들의 삶을 보는 것에 의미를 두자. 그들의 생활 터전을 무심히 지나치면서 사람이 사는 곳 어디든 같은 삶이 이어지고 있음을 직접 확인할 수 있을 것이다. 모든 사람의 삶 속에는 슬픔과 기쁨이 있으며 나도 그 삶을 살고 있음을 확인하게 된다.

독서도 좋다. 이때 집에서 하지 말고 도서관으로 가자. 햇빛이 들어오는 창가에 자리잡고 그동안 보지 못하고 미루어 두었던 책에 빠져들어 보라. 날이 저물면 하루 종일 책을 보느라 피곤해진 눈을 감고 머리를 뒤로 젖힌 채 생각에 잠겨 본다. 바쁘고 지친 일상 속에서 여유로움의 정취를 맛볼 수 있을 것이다.

상처의 기억에서 떠나기 위해 취미로 무엇을 하든 다 좋지만 중요한 것이 하나 있다. 시작하기 전에 스스로에게 마법을 거는 것이다.

'이것을 다 해내면 나는 이 상처의 굴레에서 내 힘으로 성큼성큼 걸어 나갈 것이다.'

'이것을 마치면 나는 전보다 훨씬 성숙해져서 아픔을 다스릴 줄 아는 사람으로 변해 있을 것이다.'

자신에게 이러한 주문을 걸어놓음으로써 그 상황을 위해 스스로 노력하게 될 것이다.

우리 삶에서 절망을 벗어나기 위해서는
마음을 의지할 수 있는 매개체가 필요하다.
이것은 절망이라는 어둠 속에서 희망이라는
빛을 찾게 하는 나침반과도 같다.

04

나보다 커다란 상처로
고통받는 사람들을 돌아보자

만일 당신이 상처받지 않을 만큼만 사랑한다면
당신이 받은 상처는 결코 치유되지 않을 것입니다.
오직 더 크게 사랑할 때만이 상처는 치유될 것입니다.
마더 테레사

자신이 받은 상처의 무게를 미리부터 '무거울 것이다'라고 결
정해 놓은 것은 아닌지 생각해 보는 것도 상처 치유에 도움이
된다.

주변 사람들에게 내가 지금 상처받아 힘드니 나를 배려해달라거나
그냥 내버두라고 괴로움을 자처하고 있는 것은 아닌지 돌아보자.
자신의 예상에 맞춰 힘들어하고 있는 것은 아닌지 진지하게 판단해
볼 필요가 있다. 어쩌면 상처받은 순간 '나는 이제 한동안 고통의
늪에서 헤맬 것'이라는 기우에 빠져 있는 것일 수도 있다.

'기우'는 '기인지우'에서 유래한 말로 《열자》에 나온다. 중국 기나라에 살던 이가 하늘이 무너지고 땅이 꺼져서 몸을 망치고 몸 둘곳조차 없어질까봐 걱정한 나머지 먹고 자는 일마저 그쳤다는 고사에서 유래한다. 내가 혹시 그런 것은 아닌지 짚어 볼 필요가 있다는 말이다.

심리학자이자 작가인 어니 젤린스키의 저서 《모르고 사는 즐거움》에 이런 말이 있다.

"우리가 하는 걱정의 40퍼센트는 현실에서 절대 일어나지 않을 일이고, 30퍼센트는 이미 일어난 일에 대한 것이며, 22퍼센트는 무시해도 될 만큼 사소한 것이고, 4퍼센트는 사람의 힘으로는 도저히 어쩔 도리가 없는 일에 대한 것이다. 그리고 나머지 4퍼센트만이 우리가 바꿔 놓을 수 있는 일에 대한 것이다."

어쩌면 우리는 사람의 힘으로 어쩔 도리가 없는 4퍼센트에 상처받고 고통스러워하고 있을지도 모른다. 그렇다면 시선을 다른 쪽으로 두는 것은 어떨까.

또한 나는 바꿔 놓을 수 있는 4퍼센트의 일에 상처받고 있는데 그보다 더 힘든 일로 고통을 겪으며 사는 사람도 많다.

결코 이루어질 수 없는 사랑에 상처받은 사람, 실직한 사람, 돈 없는 사람, 수도 없이 낙방한 취업 준비생과 고시생, 중병에 걸린 사람, 가까운 사람의 죽음을 경험한 사람 등등. 그들의 신음 소리가 나의 소리보다 작게 들린다고 해서 그들이 덜 힘든 것이 아니다.

상처에도 분명 경중이 있다. 물론 이런 것은 괜찮고, 이런 것은 조금 덜 괜찮다는 기준이 있는 것은 아니지만 상처를 받은 사람에게 그 상처는 더없이 고통스럽게 느껴지게 마련이다.

그러나 내 것이 아무리 커도 지나치게 주관적이면 이기적이다. 얼굴에 주근깨가 잔뜩 덮인 사람 앞에서 몇 개의 잡티로 오만상을 쓰고 있다면 어떨까? 또 생활비 걱정을 하는 사람 앞에서 여행 계획을 말하고, 미망인 앞에서 남편의 출장으로 인한 외로움을 이야기한다면 어떻겠는가? 어느 누구도 그 사람을 상대하고 싶지 않을 것이다.

매일 계속되는 야근에 월급도 많지 않은 직장을 다니면서 불만이 잔뜩 쌓이고 있던 중에 상사에게 단단히 욕을 먹었다. 너무 자존심이 상하고 분해서 이 상처를 안고 회사를 계속 다닐 수 없을 것만 같은 상태다. 하지만 이때 아침에 출근 한번 해 보는 것이 소원인 수많은 사람이 있다는 것을 상기하면 내 상처는 심한 게 아니라는 생각이 들 것이다. 나아가 야근비도 없고 월급도 쥐꼬리만 한 직장도 소중하게 생각되고 감사하다는 생각마저 들 것이다.

남들과 비교하면서 저 사람은 갖고 있는데 나는 왜 없는지 자학하는 것은 바람직하지 않지만 내 상처가 상대적으로 작다는 사실을 확인하기 위해서는 남들의 고통과 아픔을 바라볼 필요가 있다. 나보다 심한 상처, 비참한 시간을 살았던 사람들이 어떻게 극복하는지를 살펴보는 것도 의미가 있다.

끔찍한 실화를 바탕으로 한 영화 〈케빈에 대하여〉는 지옥 같은 삶을 견디며 사는 엄마의 이야기다.

결혼 전 여행가로 자유롭게 세상을 누비고 다니던 에바는 결혼 후 180도 바뀐 자신의 일상에 적응하지 못한다. 남편은 그녀가 생각하던 것과는 다른 사람이었고, 원하지 않던 임신으로 아들 케빈을 출산한 후에는 아이를 키우느라 더 힘들다. 그녀는 엄마노릇이 서툴고 아이의 당연한 본능조차 견디기 힘들어한다. 케빈은 자라면서 자폐 증세를 보이지만 병원에서는 이상이 없다고 진단한다. 그러나 아들 케빈은 말을 듣지 않고 눈도 마주치지 않으려 하며, 남편은 외출이 잦아서 에바에게는 하루하루가 견디기 어려운 속박처럼 느껴질 뿐이다. 몇 년 후 에바는 딸을 낳았지만 케빈은 동생을 의도적으로 괴롭히고 눈까지 멀게 한다.

청소년기에 접어들어서 케빈의 냉소적인 표정과 에바를 무시하는 듯한 태도는 집안에 불안한 그림자를 드리우고 그럴수록 에바는 사는 것이 괴롭다. 케빈의 반항기가 날로 심해져 가던 중, 남편은 아들을 위해 활과 화살을 사다주고 정원에 과녁을 만들어준다. 케빈은 아빠에게 활 쏘는 법을 배운 후 과녁 맞히기에 열중한다.

어느 날 케빈은 활과 화살을 들고 학교 체육관으로 향한다. 체육관에는 운동하는 학생이 많았는데 케빈은 밖으로 나가는 모든 출입구를 잠근다. 그리고 안으로 들어가 친구들을 향해 화살을 쏘기 시작한다. 마치 과녁을 맞히듯이 침착하게 친구들을 쏘아 죽인다. 학교로 오기 전 집에서 이미 아빠와 여동생도 활로 쏘아 죽인 상태다.

케빈은 소년원에 수감된다. 에바는 면회를 가지만 케빈은 냉소적인 표정으로 에바를 향해 경멸의 표정을 지어 보인다.

이제 에바의 삶을 생각해 보자. 동네의 많은 사람이 케빈으로 인해 자식을 잃었다, 사람들은 그녀를 상대도 하지 않는 것은 물론 거리에서 마주치면 그녀를 향해 돌을 던지고 그녀의 집 현관에 빨간색 페인트로 끔찍한 낙서를 해놓는다. 또한 그녀가 지나가면 욕설을 퍼붓고 침을 뱉는다. 에바는 이 모든 비난을 표정 없이 받아낸다.

그녀는 남편을 잃고 딸을 잃었으며 아들은 수십 명을 살해하고 소년원에 수감되어 있다. 그리고 마을사람들은 그녀를 죽이지 못해 살려둔다. 그럼에도 그녀는 그 마을을 떠나지 못한다. 자학일 수도 있고 속죄일 수도 있다. 그녀는 살기 위한 아무런 노력도 하지 않고 그저 죽지 못해 주어진 삶을 견딘다. 그녀의 삶에는 한 줄기의 희망도 보이지 않고 온통 어둠만 가득 차 있다.

살아 있긴 하지만 오로지 절망만 존재하는 삶은 지옥이나 마찬가지일 것이다. 다음의 이야기도 그런 경우다.

영화 〈사울의 아들〉은 제2차 세계대전 중 아우슈비츠 수용소 내에서 시체 처리반 작업을 하고 있는 사울에 관한 이야기다. 사울은 X자가 그려진 죄수복을 입고 가스실에서 죽은 사람들의 시체를 처리하는 일을 한다.

어느 날 그는 시체 더미에서 아들을 발견한다. 한꺼번에 소각하는 것이 규칙이지만 사울은 아들의 시신을 빼돌려 랍비를 구해 유대인식 장례를 치러주려고 한다.

함께 일하는 사람들은 얼굴에 표정도 없고 서로 말을 나누지도 않는다. 그들은 슬픔이라는 감정조차 없고 죽음에 대한 두려움도 없다. 현재의 삶이 죽음보다 나을 것이 없기 때문이다.

인간으로서 저런 현실을 건너가야 하는 사람들도 있다. 그들이 받은 상처는 우리의 상상만으로는 표현이 불가능할 정도일 것이다. 또 지금도 지구촌 곳곳에서 많은 사람이 전쟁으로 상처받고, 기아와 질병으로 고통받으며 살고 있다. 그에 비한다면 우리의 상처는 사치스러운 투정일 수도 있다. 적어도 우리는 내일 일어날 일에 대한 기대와 실망을 할 수 있는 감정의 여유가 있으니 말이다.

내 상처가 주변 사람이 겪는 고통보다 큰 것이 아니라면 마음을 추슬러야 한다. 그것이 함께 살아가는 사람들에 대한 도리이자 예의다. 또한 그들을 위해서라도 내 상처를 극복해야 한다.

어쩌면 우리는 상처받은 순간
'나는 이제 한동안 고통의 늪에서
헤맬 것'이라는 기우에 빠져
상처의 무게를 스스로 정해놓고
있는 것인지도 모른다.

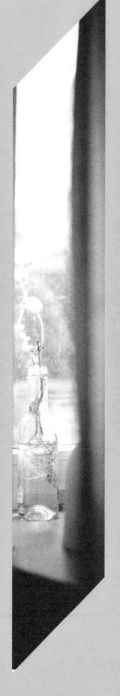

PART 3

험난한 세상에서
행복하게 사는
마음 건강법

이제 우리는 인간의 평균수명이 100세가 될 100세 시대에 살고 있다. 세상은 갈수록 각박해져가는데 기대수명은 늘어나고 있으니 삶을 단단히 준비할 필요가 있다.

자산관리 전문가들은 긴 삶을 위해 준비해야 할 것으로 '건강, 자금, 사회관계, 여가'의 네 가지를 꼽는다. 돈도 중요하지만 정신적인 건강을 위한 대비도 그에 못지않게 중요하다고 강조한다. 정신적인 건강을 위해 필요한 것은 무엇보다 함께 살아갈 친구들이다.

정신과 전문의 조지 베일런트는 자신의 저서 《행복의 조건》에서 행복하기 위해서는 고난에 맞서는 자세와 그것을 가능하게 할 7가지 조건이 있다고 했다.

그 7가지는 인간관계, 평생교육, 안정적 결혼생활, 비흡연, 음주 조절, 규칙적 운동, 적당한 체중이다. 이중에서 인간관계를 첫 번째로 꼽은 이유는 그것이 가장 중요하기 때문이다.

베일런트는 사람들이 나이가 들수록 완고해지는 것은 나이가 많아지면서 여유와 창의력이 떨어져서 그런 것이 아니라 오랜 세월에 걸친 다양한 경험을 통해 자기에게 맞는 것을 선택해 그것을 토대로 삶의 원칙을 발전시켜온 결과라고 말했다.

그러므로 긴 인생을 잘 살려면 자신에게 맞는 '인간관계 프로젝트'가 필요하다. 이는 마음을 건강하게 하는 방법이다.

그렇다면 어떻게 사람들과 잘 지낼 수 있을까?

당연히 트러블이 없어야 하며, 그것은 상처를 주고받지 않으면 가능하다. 설사 상처를 받았다 해도 잘 치유하는 것이 방법이다.

상처는 주고받는 속성이 있다. 내가 상처받지 않기 위해서는 남에게 상처를 주지 말아야 한다. 이는 결국 나를 위한 것이기도 하다.

우리는 미래를 위해 저축을 하고 연금보험, 생명보험, 의료보험을 들지만 정작 사람 보험은 들지 않는다. 이 보험은 우리 삶에 행복을 보장해 주지만 돈으로 되는 것이 아니라 시간과 노력이 필요하다.

행복한 삶을 위해 이제 사람 보험을 한번 들어보는 것은 어떨까?

지금 바로 시작하는 것이 좋다. 보험 기간이 길면 주어지는 혜택도 많기 때문이다.

남에게
상처 주지 않는 법

남의 부탁을 들어주면
내 행복의 크기가 커진다

나의 신조는 행복은 유일한 선(善)이라는 것이다.
행복할 장소는 여기이고, 행복할 시간은 지금이다.
행복할 방법은 다른 사람들을 행복하게 만드는 것이다.
로버트 G. 잉거솔

직장에서 컴퓨터 작업을 도와 달라는 부탁을 받았다고 하자. 부탁하는 사람은 자신의 힘으로는 부족해서 도움을 청했을 것이다. 그러나 내 입장에서는 가뜩이나 바쁜데 도와 달라고 하니 속으로는 몹시 귀찮다는 생각이 든다. 마지못해 해주기로 했는데 생각보다 시간이 많이 걸리면 짜증이 날 것이다. 이걸 왜 해주겠다고 했는지 후회되면서 부탁한 사람에 대한 원망이 밀려온다.

그러나 부탁을 들어준 것은 백번 잘한 일이다. 지금 당장 성가시더라도 언젠가는 지금 투자한 시간에 비할 수 없는 값진 무언가를 얻게 된다. 만일 분명한 이유 없이 도와주지 않으면 앞으로 그 사람과의 관계는 좋지 못할 수도 있다. 또 나의 거절이 그에게 상처를 남길 수도 있다는 점을 생각해야 한다.

누군가 나에게 부탁을 한다는 의미는 상대방이 내가 할 수 있는 일이라고 생각한 것이다. 또 부탁한 사람은 나와 가깝다고 생각해서 부탁했을 것이다.

그래서 부탁을 받았다면 큰 손해를 보지 않는 한에서 가능하면 들어주는 편이 좋다.

돈을 빌리러 온 사람이 있다고 하자. 그런 부탁을 받을 정도라면 그는 내가 여유까지는 아니더라도 자신보다는 형편이 좋다고 여겼을 것이다. 그는 지금 무척 곤란한 상황이므로 지푸라기라도 잡고 싶은 심정으로 부탁을 한 것이다. 부탁하기 전까지 얼마나 망설였겠는가.

그래서 남의 부탁을 들어줄 때는 두 가지 주의할 사항이 있다.

부탁 받은 것은 빨리 실행에 옮기자. 부탁을 하는 사람은 당장 도움이 필요한 경우가 대부분이기 때문이다. 해주겠다고 한 후 시간을 끌면 나는 도와줄 마음이 없었지만 안 된다고 말하기 곤란해서 상황을 모면하려고 대답한 것이다. 그것이 그 사람을 더 곤란하게 할 것이다.

《장자》에 이런 일화가 있다.

가난한 장자가 위나라 감하후에게 돈을 빌려달라고 청했다. 감하후는 "마침 세금을 거둬들이려 하니 세금이 들어오면 빌려줄 테니 기다리게"라고 했다. 그 말을 들은 장자는 이렇게 말했다.

"오는 길에 수레바퀴로 생긴 자국 웅덩이에 물고기 한 마리가 빠져 있는 것을 보았습니다. 그 물고기가 지금 물을 먹지 못해서 죽을 지경이니 물 한 됫박만 구해서 부어 달라고 하더군요. 그래서 지금 남쪽 오나라 왕을 만나러 가는 길이니 돌아오는 길에 서강의 물줄기를 끌어다 대준다고 대답했습니다. 그랬더니 물고기가 화가 나서 말하기를 서강의 물줄기가 오기 전에 자신은 죽을 텐데 그 많은 물이 무슨 필요가 있겠냐고 하더군요."

상대가 부탁을 할 때는 당장 필요해서 하는 경우가 많으므로 필요한 부분을 즉시 해결해주는 것이 바람직하다. 그렇게 되면 상대의 고마운 마음은 배가되기 마련이다.

또 다른 한 가지는 대가를 바라지 말아야 한다는 것이다.

눈에 보이는 대가를 바라는 것은 특히 친밀한 관계에서는 해서는 안 될 행동이며 덜 친밀한 관계라 해도 스스로에게 당당하지 않을 것이다.

예전부터 이자를 받고 돈을 빌려주는 행위를 고리대금업이라고 불렀다. 고리대금업자에 대한 평가는 〈신곡〉에서 적나라하게 볼 수 있다. 단테의 〈신곡〉은 저자와 이름이 같은 주인공 단테가 꿈속에서 요즘으로 말하면 여행 가이드인 베르길리우스, 베아트리체와 함께 지옥, 연옥, 천국을 여행하는 내용의 서사시다. 신곡의 지옥편을 보면 지옥의 구조는 피라미드를 거꾸로 놓은 형태로 제9옥(층)까지 있다. 각 옥에는 죄의 종류별로 이미 죽은 사람들이 벌을 받고 있다. 고리대금업자는 제7옥을 셋으로 나눈 제3원에 있다. 이곳은 신과 자연의 순리를 거스른 자들이 있는 곳이다. 고리대금업자는 노동의 대가로 돈을 받는 것이 아니라 돈을 빌려주었다가 시간의 흐름에 따라 이자로 돈을 더 받는다. 이런 행위는 시간을 팔아 이득을 보는 것이다. 또한 시간은 신의 영역에 속해 시간을 팔아 이득을 보는 것은 신에 대한 도전이자 순리를 어기는 것이므로 고리대금업자는 악인이며 죄인으로 간주된다.

이들은 쉴 새 없이 떨어지는 뜨거운 돌덩이를 맞는 형벌을 받는다. 돈의 가치와 인간의 가치에서 고리대금업자는 돈의 가치를 우선으로 하기 때문에 지옥벌을 받고 있는 것이다.

또 돈을 최고의 가치로 여기고 신의와 같은 도덕은 필요치 않다고 생각하는 사람의 전형이 있다. 셰익스피어의 〈베니스의 상인〉에 나오는 돈 많은 유대인이자 고리대금업자인 샤일록이 그런 인물이다.

안토니오는 이 희곡에서 샤일록과 반대되는 인물로 나온다. 그는 르네상스 시대의 가장 고귀한 가치인 우의와 관대함을 지닌 인물이다. 곤경에 처한 친구가 샤일록에게 돈을 빌리자 안토니오는 보증을 선다. 샤일록은 제때 갚지 못하면 안토니오의 몸에서 1파운드의 살을 베어내겠다는 조건을 건다.

샤일록은 안토니오가 제때 돈을 갚지 못하자 결국 살 1파운드를 베어내겠다고 나섰지만 재판에서 이기지 못할 뿐 아니라 모든 것을 잃는다. 이쯤 되면 샤일록에게 동정의 여지가 조금은 생길 수 있으나 500년이 넘도록 샤일록은 악독한 인간의 전형이 되고 있다. 그것은 그가 주변사람들에게 야박하고 돈 앞에서는 어떤 것도 중요하게 여기지 않는 사람이기 때문이다. 세상이 아무리 변하고 과학이 발달해도 인정을 베풀지 않는 것은 비난받을 일인 것이다.

우리가 다른 사람들을 도와주거나 호의를 베풀면서 그에 상응하는 대가를 바라면 스스로에게 부끄러운 행동이며, 혹시 대가가 돌아오지 않으면 괜한 노여움을 갖게 된다. 그러나 선의를 베풀면 그 대가는 어떤 형태로든 돌아오고, 선행의 기억은 상대방에게 남게 된다. 또한 우리 스스로에게 행복감을 안겨준다.

최근 의학계에서 '다이돌핀'이라는 인체에서 생성되는 새로운 호르몬을 발견했다. 그것은 우리가 감동을 받거나 좋은 생각을 할 때, 깊은 사랑에 빠져들 때, 또는 아름다운 것에 매료될 때 등 정신적인 황홀감이나 큰 기쁨을 느낄 때 분비된다. 다이돌핀은 엔돌핀의 4000배에 달하는 항암효과가 있다고 한다. 이렇듯 행복한 마음은 우리 스스로에게 무언가를 보상해준다.

그러나 가까운 사람의 부탁을 거절했다면 그 사람은 부끄러운 마음을 갖고 돌아섰을 것이다. 괜히 부탁했다며 심하게 후회하면서 말이다. 또한 부탁을 거절한 사람도 앞으로 그 사람과의 우정을 기대하지 말아야 한다. 바로 그에게 안긴 부끄러움 때문이다.

부탁을 들어주는 사람은 멋있어 보인다. 그 부탁이 어려운 것일수록 그렇다.

영화 〈카사블랑카〉에는 불가능한 부탁을 들어주는 한 남자가 나온다.

릭은 제2차 세계대전 중에 모로코의 카사블랑카에서 카페를 운영하고 있다. 그는 전쟁 전에 파리에서 엘사라는 여자와 사랑에 빠졌으나 엘사는 릭을 떠나고 릭은 시간이 흘러도 그녀를 잊지 못한다. 어느 날 엘사는 레지스탕스 운동가로 독일군이 수배중인 남편과 카사블랑카로 온다. 하루하루 위험이 조여 오는 상황에서 그들은 한시라도 빨리 카사블랑카를 떠나야 하지만 통행증이 있어야 빠져나갈 수 있다. 엘사는 옛 연인 릭에게 통행증을 부탁한다. 그러나 릭은 아직도 사랑하는 연인을 다른 남자와 보내고 싶지 않으며 통행증을 주는 것은 릭에게도 위험한 일이므로 결정을 내리기 쉽지 않다. 하지만 그는 아직도 엘사를 사랑하기 때문에 통행증을 주기로 결심한다.

두 사람이 이별하는 장면은 영화사의 명장면으로 꼽힌다. 그것은 한때 사랑했던 사람의 부탁을 거절하지 않고 사랑하면서도 떠나보내는 릭의 큰 사랑을 볼 수 있기 때문이다. 자신에게 닥칠 피해를 무릅쓰고 부탁을 들어주는 것은 아무나 할 수 없는 행동이지만 실천에 옮겼을 때는 참으로 숭고하다.

사람의 일은 결코 알 수가 없다. 나도 누군가에게 부탁할 일이 생길 수 있고, 공교롭게 예전에 부탁을 들어주지 않았던 사람에게 부탁할 일이 생길 수 있다.

주위에 하소연을 잘하는 친구가 한 명쯤 있을 것이다. 그런 사람은 대부분 자신의 감정에 잘 빠지기 때문에 남의 이야기는 잘 듣지 않으면서 자신에게 기분 나쁜 일이 생기거나 속상한 일이 생기면 친한 사람을 붙들고 자기 이야기를 죽 늘어놓는 성향이 있다. 사실 그런 사람의 이야기를 들어 주는 것은 언제나 인내심이 필요하다. 그러나 그 친구가 나를 붙잡고 하소연하고 싶어 한다면 이야기를 들어 주어야 한다.

그 친구의 하소연은 사실 내게 전혀 도움도 되지 않고 들어 주는 것 자체가 괴로울 수 있지만 들어 주지 않으면 마음에 쌓인 것을 털어내지 못해 더욱 힘들어질 것이고 내게 외면당한 상처까지 더하게 된다. 그를 외면한다면 의도적인 것은 아니지만 그에게 상처를 준 것이다.

남의 이야기를 들어 줄 때는 듣기만 하는 것이 좋다. 가르치려 한다거나 어떤 점에서 틀렸다는 것을 말해줄 필요가 없다. 그냥 들어 주는 것이 하소연을 하는 사람들에게는 가장 큰 호의라 할 수 있다. 힘겨운 상황에 처한 사람에게는 그의 이야기를 경청하는 것만으로도 그의 편이 되어준다는 느낌을 줄 수 있다.

한 사람의 무조건적인 선의가 얼마나 큰 영향력을 발휘하고 세상을 바꾸어나가는지를 보여주는 사례가 있다. 바로 빈민들에게 담보 없이 소액 대출을 해주는 방글라데시의 그라민 은행을 설립한 무함마드 유누스다.

그는 유복한 가정에서 태어나 미국에서 경제학 박사 학위를 받고 경제학과 교수로 재직했다. 귀국 후 그는 고리대금업자의 횡포에 시달리는 빈민층들의 생활상을 목격하고 해결 방법을 고민했다. 그는 극빈자들에게 자신의 돈을 무담보로 빌려주기 시작했고, 이를 계기로 그라민 은행을 설립했다. 10년 후 그라민 은행은 원금 회수율 99퍼센트의 탄탄한 은행이 되었고, 대출자들의 58퍼센트가 극빈층을 벗어나는 소중한 성과를 거뒀다. 유누스의 이러한 마이크로

크레딧 운동은 전 세계로 확대되었고, 그 공로로 2006년 그라민 은행과 유누스는 노벨평화상 공동수상자로 선정되었다.

누구도 해내지 못했던 일을 한 유누스는 "도움은 받는 것보다 줄 수 있는 것이 훨씬 행복하다"고 말했다.

우리는 이타적인 것을 대단한 것이라고 생각하는 경향이 있다. 그러나 세계적으로 마이크로크레딧 운동을 일으킨 유누스도 처음에는 작은 선행으로 시작했다. 그는 1976년 한 빈민촌을 방문했는데 당시 이 마을 여성들이 사채업자에게 고리에 시달리고 착취당하는 것을 보고 나중에 갚으라고 말하면서 42명이 진 빚을 갚아주었다. 그것은 고작 27달러에 불과했다. 이것이 그라민 은행의 시작이다.

또한 마더 테레사, 슈바이처, 나이팅게일 같은 위인들도 작은 선행부터 시작해 결국에는 인류의 큰 빛이 된 것이다.

그러므로 우리가 그들처럼 만인을 위해 희생하고 자신의 모든 것을 던지기는 어렵겠지만 생활 속에서 그리고 가까운 사람들에게 이타적인 사람이 된다면 우리의 작은 선행이 선한 영향력을 조금씩 퍼뜨릴 수 있다.

봉사와 헌신은 거창하고 멀리 있는 것이 아니라 가까운 곳에서 시작하는 것이 좋다.

만일 내가 많은 돈을 자선단체에 기부했는데 나의 가까운 친구는 돈이 없어서 고통을 받고 있다고 하자. 그런 사실을 알고 있으면서도 기부를 택했다면 나는 결코 좋은 일을 했다고 할 수 없다. 기부는 다른 사람도 하고 있지만 내 친구를 도와줄 사람은 나밖에 없기 때문이다.

그러면 이제 눈을 감고 내가 부탁을 들어주지 않았던 사람들을 떠올려 보자.

그 일을 지금 밑에 써 보도록 하자.

누구의 부탁을 받았었는지 쓰고, 어떤 부탁이었는지를 쓴다. 그리고 내가 그 부탁을 왜 들어주지 않았는지를 생각해 보자. 들어주지 않은 이유는 쓰지 않고 생각만 해 본다.

또 그때 그의 부탁을 들어주었다면 지금 어떻게 되었을까 생각해 보자.

나는 그때 정말로 도움을 줄 수 없는 여건이었을까?

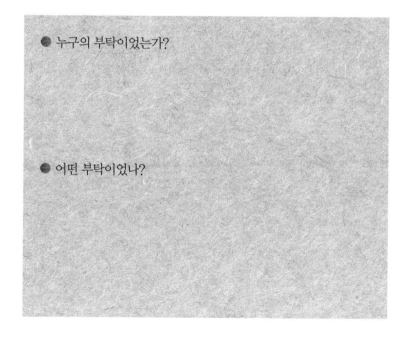

● 누구의 부탁이었는가?

● 어떤 부탁이었나?

내가 부탁을 들어줄 수 있는 위치에 있다면 그것이 바로 우리가 누릴 수 있는 행복이다.

행복을 유지하는 방법은 부탁을 들어주는 것이다. 기분 좋게, 어느 정도의 손해를 감수하면서 말이다. 감수하면 할수록 행복의 크기는 커진다.

맛있는 음식은 혼자 먹어도 맛있다. 그러나 나누어 먹으면 어떤가? 훨씬 더 맛있지 않은가!

우리가 다른 사람들을 도와주거나 호의를 베풀면서
그에 상응하는 대가를 바라면 스스로에게 부끄러운 행동이며,
혹시 대가가 돌아오지 않으면 괜한 노여움을 갖게 된다.
그러나 선의를 베풀면 그 대가는 어떤 형태로든 돌아오고,
선행의 기억은 상대방에게 남게 된다.
또한 우리 스스로에게 행복감을 안겨준다.

02

말 한마디로 상처의
크기가 달라진다

말이 짧을수록 분쟁도 적어진다.
항상 진중한 태도로 말하고, 조심해서 말하라.
인생을 살다보면 한마디 더 말할 시간은 있어도
취소할 시간은 오지 않는다.
벨타사르 그라시안

"말 한마디에 천 냥 빚을 갚는다"라는 말이 있다. 실제로 말을 어떻게 하느냐에 따라 많은 것이 달라진다.

우리는 자신의 생각을 대개 말로 표현한다. 그래서 말을 잘한다는 것은 살면서 큰 장점이 된다.

말을 잘해서 사람들의 마음을 사로잡은 역사적 인물들이 있다. 마틴 루서 킹 목사, 에이브러햄 링컨, 패트릭 헨리, 윈스턴 처칠, 마거릿 대처, 버락 오바마 등은 명연설로 지금도 사람들의 입에 오르내리는 명언을 남겼다.

우리는 이들처럼 대중의 마음을 사로잡는 능변가일 필요는 없지만 주위 사람들의 마음을 다치지 않도록 말하는 기술을 익힐 필요가 있다.

말하는 기술은 우리가 살아가면서 필요한 처세술 중에서도 가장 필요한 기술이다. 말을 잘하지 못 하는 사람은 오해를 받을 수도 있으며, 다른 사람에게 상처를 줄 여지가 크다. 아무리 행동을 잘 한다고 해도 입에서 나오는 말이 가장 빠르게 전달되기 때문이다. 가끔 말이 진실을 덮어버리는 이유는 바로 이 때문이다.

상처 관련 강의나 상담을 해 보면 말로 인해 관계가 어긋났던 경험들을 꽤 많이 이야기한다. 어린아이들이라면 둘을 가까이 세워놓고 화해를 시키거나 상황을 누군가 설명해주면 관계를 회복할 수 있고, 청소년들은 작은 매개체라도 있으면 화해가 가능하지만 어른들은 그것이 쉽지 않다. 개인적으로 축적된 경험들이 가로막고 있기 때문이다. 상처를 주지 않는 방법 중에 말을 잘해야 하는 이유가 바로 이 때문이다.

그렇다면 어떻게 말을 해야 하는 것일까? 세 가지 원칙이 있다.

첫째는 솔직하게 말하기, 둘째는 옳은 말을 반복하지 않기, 셋째는 공허한 말을 남용하지 않기다.

우선 솔직함에 대해 이야기해 보자. 솔직한 말은 듣는 사람의 마음을 움직인다. 솔직하게 말하면 듣는 사람은 그가 지금 진실을 말하고 있다는 느낌을 받는다.

미국의 닉슨 대통령이 부통령에 출마했을 당시 했던 '체커스 연설'은 솔직함으로 유명하다. 체커스는 닉슨이 지인으로부터 선물

받은 강아지의 이름이다.

1952년 아이젠하워의 런닝메이트로 부통령에 출마한 닉슨은 불법 정치자금을 받았다는 의혹을 받았다. 민주당은 이것을 기회로 이용해 닉슨의 도덕성을 맹렬히 비판했고 사태는 악화되어갔다. 부통령 후보 교체론까지 불거지자 닉슨은 텔레비전 방송 연설을 자청했다.

30분간의 연설에서 닉슨은 후원금을 받은 것은 사실이지만 개인 용도로는 한 푼도 쓰지 않았으며, 개인적으로 받은 것은 딸을 위해 받은 체커스라는 이름의 강아지 한 마리뿐이라고 말했다. 연설은 곧바로 효과를 발휘해 국민은 감성을 동반한 닉슨의 솔직한 고백에 환호했다. 그 결과 닉슨은 선거에서 부통령에 당선되었다.

우물쭈물하면서 상황을 편집하고 말을 만들면 상대에게 이해시키기에 늦어버린다.

거절을 해야 하는데 어떻게 말할 것인지는 모든 사람이 겪는 고민이다. 도저히 거절하지 않을 수 없는 상황은 누구나 겪게 마련이다. 그러나 거절을 잘 못하는 사람도 많고, 순간 상대가 나의 말에 낙담하고 상처받을 수 있다는 생각이 스치면서 선뜻 거절하기가 어려울 때가 많다. 이럴 때는 어떻게 말하는 것이 좋을까?

최선의 방법은 솔직하게 말하는 것이다.

솔직한 것은 어떤 경우에든 최선이다. 핑계는 탄로가 날 수 있고, 보기에 티가 난다. 그러므로 부탁을 거절해야 할 수밖에 없을 때는 괜히 상대방을 배려한다는 생각으로 핑계를 대거나 둘러대기보다는 솔직한 편이 좋다. 왜 들어주지 못하는지 분명한 이유를 말해줘야 한다. 적어도 상대방이 '정말 그렇겠구나' 하는 생각을 할 수 있도록 말이다.

부탁을 받았는데 정말 들어주지 못할 개인적인 사정이 있다고 하자. 만일 약속 때문이라면 약속이 있다고만 말하지 말고 구체적으로 말해주자. 몇 시에 누구를 어디에서 만나며 그 약속을 취소하면 안 되는 이유까지 말해준다. 사적인 내용이라서 밝히기 꺼려지더라도 관계를 위해서 알려주도록 한다. 왜냐하면 지금 거절을 하고 있기 때문이다. 나의 곤란함과 거절당한 사람의 부끄러움 중에서 그의 부끄러움이 더 중요하기 때문이다.

이러한 행동은 부탁한 상대방이나 거절하는 나에게 적어도 나쁘지 않다. 상대방은 부탁을 거절당했지만 어쩔 수 없는 상황임을 이해할 것이고, 나에 대한 섭섭함이 남지 않을 것이다. 무엇보다 가장 큰 소득은 상대방이 상처받지 않았다는 점이다.

선의의 거짓말도 솔직함에 들어간다. 솔직하고 싶지만 솔직함이 상대방에게 상처를 준다면 그럴 때는 선의의 거짓말이 최선이기 때문이다.

이런 경우를 생각해 보자. 내가 속한 모임에 나와 친한 친구가 가입을 하고 싶어 한다. 그런데 그를 싫어하는 구성원이 있다면 친구가 들어왔을 때 문제가 발생할 가능성이 높다. 그리고 구성원은 친구가 들어오는 것을 반대한다. 이럴 때는 선의의 거짓말이 필요하다. 선의의 거짓말은 그럴듯하게 해야 한다.

누군가가 돈을 빌려달라고 했을 때 정말 빌려줄 형편이 아니라면 그저 돈이 없다고만 하면 안 된다. 무조건 없다거나 요즘 돈 들어가는 데가 많아서 힘들다는 막연한 대답은 돈이 있지만 너에게 빌려주지 않겠다는 말로 들릴 수 있다.

또 이 일은 집에 가서 의논해 봐야 한다는 말은 빌려주고 싶지 않아서 시간을 끌거나 순간을 모면하려는 것으로 보인다.

지금 어떤 일을 하고 있는데 거기에 돈이 다 들어간 상태라면 그 상황을 자세히 설명해주고 자료가 있다면 보여주는 것도 좋다.

이때 상대방에게 말해서는 안 되는 종류의 대답도 있다. 생활비가 없어서 돈을 빌리러 온 사람에게 차를 바꿔야 한다거나 여행계획 같은 것을 이유로 들어 거절하는 것이다. 이것은 솔직하기는 해도 차라리 돈이 없다고 간단하게 말하는 것보다 더 오답이다.

솔직하고 자세하게 거절의 이유를 말하면 상대방은 기분 나쁘지 않게 마음을 접을 수 있을 것이다.

친구들과 영화를 보려고 하는데 조금 덜 친한 친구가 함께 갔으면 좋겠다고 나에게 부탁을 했다. 그런데 그 친구를 끼워주는 것에 다른 친구들이 거부감을 보이고 있다면 같이 갈 수는 없다.

이런 경우 같이 가지 않는다고 해도 도의적으로 문제가 될 것은 없다. 미리 약속이 되어 있었기 때문이다. 그러나 거절당한 친구는 따돌림받는다는 느낌을 받을 수 있다. 거절한 사람은 이미 약속이 정해졌다는 이유가 분명히 있어도 상처를 줄 수 있는 상황이다. 이럴 때 사실대로 이야기하는 것은 좋은 방법이 아니다. 최선을 다해 솔직한 것처럼 이야기해야 한다.

몇 주 전부터 미리 계획을 세웠으며 돈도 이미 다 걷었고 인원에 맞게 준비가 되어 있어서 이번에는 같이 못 가겠다고 말하는 것이 좋다. 함께 가지 못해서 마음이 편치 않다거나 미리 알았더라면 처음부터 함께 했을 텐데 그렇게 하지 못해 아쉽다고 말하는 센스도 발휘해 보자. 그 친구는 약간 섭섭할 수는 있겠지만 적어도 기분이 나쁘거나 상처받지는 않을 것이다.

다른 경우를 더 살펴보자. 친한 친구가 지방에 갈 일이 있다면서 차를 빌려 달라고 한다. 차를 잘 빌려주는 사람도 있지만, 차를 절대 빌려주지 않는 사람이 실제로 매우 많다. 그런데 사람은 자기중심적이어서 부탁하는 사람의 입장이 될 때는 빌려주지 않는 것을 이해하지 못한다. 그래서 거절을 하면 섭섭한 마음을 갖는다.

이러한 상황에서 나는 원래 차를 절대로 빌려주지 않는다고 말하면 분명한 의사 전달이기는 하지만 그간의 친분관계가 좋았다면 섭섭함이 클 수 있다.

이럴 때 가장 간단하면서 상대방의 섭섭함을 줄이는 대답은 "내가 차를 쓸 일이 있다"고 말하는 것이다. 쓸 일에 대해서도 일상적인 장소 말고 좀 먼 곳을 가야 한다고 지어서 말하면 상대방은 거절을 당했더라도 덜 섭섭하게 느낀다.

아마도 다음번에 또 빌려달라고 할까봐 나는 원래 차를 빌려주지 않는 사람임을 확실히 말하는 게 좋다고 생각하는 사람들이 있을 것이다. 그것이 나의 굳건한 생각이라면 어쩔 수 없지만 친구가 차를 빌려달라는 부탁을 평생 몇 번이나 하겠는가.

몇 번의 선의의 거짓말이 상대방의 마음을 다치지 않게 할 수 있다면 그렇게 하는 편이 낫다.

어떤 부탁에 대해 솔직하게 말했는데 상대방이 상처를 받았다면 그건 어쩔 수 없다. 아마 그 사람은 자신의 입장 외에는 아무것도 생각하지 않는 사람일 수도 있다. 그러니 그것까지 염려할 필요는 없다.

두 번째로 옳은 말 반복하지 않기를 살펴보자. 옳고 그르다에 대한 정의는 분명히 있다. 우리가 옳지 않다고 생각하는 것은 대체적으로 옳지 않다.

게으름 피우면 안 된다, 약속을 어기면 안 된다, 남의 험담을 하면 안 된다, 쉽게 포기해서는 안 된다 등은 모두 옳은 말이므로 절대 아니라고 할 수 없고 어느 부분을 수정할 수도 없다.

그러나 언제나 옳은 말만 하는 사람을 대하기는 쉽지 않다. 옳은 것을 모르는 사람은 없다. 알고는 있지만 실천을 못하는 것뿐이며, 실천하지 못하는 자신에 대해 만족하지 못하는 것도 사실이다.

실연의 아픔으로 절망에 빠진 사람에게 왜 실연을 당했는지 일목요연하게 말해준다면 어떨까? 연애하는 동안 성실하지 못했다, 너는 매력을 한꺼번에 다 보여주더라, 너의 연애 방식에 대해 무엇이 문제인지 생각할 좋은 기회다 등의 말들은 설령 사실이라 해도 듣는 사람 입장에서는 좋게 들릴 리가 없다. 어쩌면 실연의 상처보다 더 깊은 상처를 줄지도 모른다. 그 사람에게 당장 필요한 말은 위로이지 훈계가 아니다.

왕따를 당하고 있는 사람에게 그가 왜 왕따가 되었는지를 조목 조목 알려주는 것은 어떻겠는가? 네 성격에 문제가 있다, 이번에야 말로 원인을 제대로 찾아라 등의 말들은 이미 상처투성이인 사람에게 확인사살을 하는 것과도 같다. 왕따를 당한 사람에게 지금 필요한 것은 왕따시킨 사람을 욕해주거나 그저 옆에 있어주는 것이다.

사업이 망한 사람에게 망할 수밖에 없었던 이유를 논리적으로 설명해주는 것은 어떤가? 망하기 전에 철저히 준비를 했어야지, 그러니까 있을 때 낭비 하는 게 아니었어, 고생은 한 번쯤 해 보는 게 좋아 등의 말보다 지금 그 사람에게 필요한 것은 이해와 자금이다.

상처받은 사람은 일단 살리고 봐야 한다. 슬픔에 처한 사람, 절망에 빠진 사람에게는 논리적인 말보다 논리적이지 않은 그저 따뜻한 위로가 절실하다. 이미 어려운 처지에 놓여 있는데 그것을 굳이 상기시켜줄 필요는 없다.

세 번째로 공허한 말은 모든 사람이 자주 쓰고 있다. 이 말은 특별히 어디가 어떻게 잘못되었는지 따질 수가 없다. 그러나 듣고 나면 공중으로 산산이 흩어질 만큼 공허하고 남는 게 없다. 그래서 진실이 느껴지지 않는다. 친한 사이라면 우리의 관계가 이것밖에 안 되었나 돌아보게 한다.

종교를 가진 사람들은 매일 기도해준다는 말을 한다. 그러나 백 번의 기도보다 한 번의 희생적인 행동이 필요하다. 행동 없는 기도는 공허하다.

나에 대해 무조건 좋게 말해주는 사람이 있다고 하자. 처음에는 그 말로 인해 기분이 좋겠지만 늘 어떤 상황에서든 그런 말을 들으면 단지 그뿐임을 깨닫게 된다.

인터넷 댓글을 보면 좋은 말들이 무수히 달려 있다. 항상 그 댓글과 비슷한 말을 듣다보면 그게 좋은 말인지 모호해진다.

배우자와 이혼을 고민하고 있는 사람에게 "괜찮아, 잘 될 거야"라고 말하는 것은 어떨까? 이혼하면 괜찮지도 않고 다 잘되는 것도 아닌데 말이다.

자녀가 대학에 떨어진 사람에게 대학은 떨어질 수도 있는 것이고, 인생의 전부도 아니라고 말한다면 어떨까? 합격한 그 많은 사람들이 있는데도 말이다. 또 실수로 일을 그르친 사람에게 그래도 잘했다고 말하는 것은 아무 말도 하지 않는 것만 못하다.

좋은 의도로 한 말이 항상 좋게 받아들여지는 것은 아니다. 막다른 지경에 이른 사람에겐 그 처지가 그나마 최선임을 확인하는 말로 들린다. 또한 기분이 좋지 않거나 나쁜 상황에 처한 사람에게는 좋은 말을 하는 사람이 자신과 거리를 두려는 것으로 생각될 수 있다.

악담도 상처를 주지만 지나친 치켜세움과 터무니없는 공감도 마음을 상하게 하기는 마찬가지다. 어려움에 빠져 있는 사람이 있을 때는 그 사람에게 필요한 것이 무엇인지 모른다면 섣불리 말하는 것보다 침묵하는 편이 낫다. 나중에 좋은 말을 해줄 기회가 분명히 있다.

악담도 상처를 주지만 지나친 치켜세움과
터무니없는 공감도 마음을 상하게 하기는 마찬가지다.
어려움에 빠져 있는 사람이 있을 때는 그 사람에게 필요한 것이
무엇인지 모른다면 섣불리 말하는 것보다 침묵하는 편이 낫다.
나중에 좋은 말을 해줄 기회가 분명히 있다.

상처받은 사람에게 어떤 말을 하게 될 때는 말하기 전에 미리 생각해야 한다. 특히 상황이 좋지 않은 사람에게 말할 때는 더욱 세심한 배려가 필요하다.

말 한마디에 상처는 놀랍도록 크기를 달리한다. 그것이 근본적인 해결을 해주지 못하는 것을 알면서도 큰 힘이 된다.

진정으로 상대가 상처받기를 원하지 않는다면 알맹이 없는 멋진 말보다는 멋지지 않더라도 구체적인 방법을 나누고 아픔을 공감하는 것이 좋다. 그런 말을 할 줄 안다면 상대가 나에게 혹시라도 섭섭한 마음이 있었더라도 그게 진심이 아니었음을 느끼게 된다.

말을 잘한다는 것은 진심을 담은 말을 하는 것이다. 그런 말은 능변이 아니어도 통한다. 받을 상처를 막아줄 수 있고, 보너스로 힘을 줄 수도 있다.

03

—

잘못을 지적할 때 그의 훌륭한 점도 말해주면 상처를 치료하는 효과가 있다

남을 칭찬하면 자신에게 돌아온다.
사람은 칭찬해주는 사람을 칭찬하고 싶어 한다.
버나드 M. 바루크

우리는 모두 어떤 잘못을 저지른 과거가 있다. 어린 시절 꽃병을 깼을 때, 성적이 떨어졌을 때, 친구와 싸웠을 때, 잘못을 해서 학교에 부모님이 불려왔을 때, 그런 상황에서 내가 받았던 대접은 어떠했는가.

원래 착하고 예의 바른 아이인데 오늘은 이런 행동을 했다는 식으로 원래의 나에 대한 배려가 있었는가?

다른 사람이 실수했을 때 나는 어떻게 했는가? 화를 내거나 꾸짖기 전에 그가 원래 어떤 사람이었는데 오늘 이런 실수를 했다는 생각을 했는가?

중요한 일이 생겨 친구와의 약속을 지키지 못했을 때, 대학에 떨어졌을 때, 직장에서 맡은 일을 끝내지 못했을 때, 사업하다 부도가 났을 때, 보증을 섰다가 재산을 잃었을 때, 질책보다 내가 원래 어떤 사람이었던 가에 대해 사람들이 생각해주었는가?

그러나 아무리 형편없는 사람이라도 그에게는 훌륭한 점이 있으며, 그가 쌓아온 업적도 있다.

고갱은 화가가 되기 위해 가족을 버렸으며, 피카소는 여성 편력이 심했다. 프랑스의 시인이며 소설가이자 극작가였던 장 주네는 도둑질을 일삼고 부도덕한 성생활을 했으며, 빈센트 반 고흐는 온전치 못한 정신으로 온갖 기행을 저질렀다.

이 사람들의 일상은 형편없고 문제가 많았지만 인류 역사를 빛낼 만한 훌륭한 예술 작품을 남겼기 때문에 우리는 그들을 칭송하고 사랑한다. 또한 그들의 바르지 못했던 인생을 훌륭한 작품의 탄생을 위한 과정으로 보기도 한다.

그러나 우리는 정작 우리 주변 사람들의 지난 업적에 대해서는 야박하다. 잠깐의 실수에 정색하면서 그의 훌륭했던 점들은 기억하지 않는다.

잘못한 사람을 혼내는 방법은 그가 겪고 있는 자책감에서 빠져나오도록 해주는 것이다. 누군가 실수를 저지르고 자책감에 쌓여 있을 때는 그가 가진 좋은 것, 훌륭한 것을 말해주도록 하자.

만일 내가 보증을 서주었던 친구로 인해 채무를 떠안게 되었다고 하자. 나는 화가 많이 날 것이고 배신감을 느낄 것이다. 그러나 그를 찾아가서 난리를 친다고 채무가 사라지지는 않는다. 그는 나보다 더 심한 좌절감에 빠져 있을 것이며, 살짝만 밀어도 낭떠러지로 떨어질 상황이다. 그럴 때 내가 그를 향해 비난을 퍼붓는다면 그를 낭떠러지 밑으로 밀어버리는 것과 같다. 그렇게 한다면 나는 돈도 잃고 사람도 잃게 된다.

지금 심경이 복잡하고 힘들겠지만 그를 위로해줘야 한다. 그가 지금 비록 곤경에 처했지만, 돈만 잃었을 뿐 잃지 않은 것이 있음을 말해주어야 한다. 이렇게 좌절하기엔 그가 갖고 있는 것이 아직 많으며 그것이 아까운 것임을 알려줘야 한다.

아마 그는 나의 말을 통해 다시 시작하는 데 이용할 수 있는 자신의 훌륭한 부분을 확인할 것이다. 또한 그는 돈뿐만 아니라 마음까지 나눠준 나를 신뢰하고 어떻게든 보상하려 마음을 다잡을 것이다.

또 나에게 신세를 많이 진 후배가 나를 배신하고 다른 회사로 갔다고 하자. 나는 그 후배가 괘씸해서 그를 다시는 이 바닥에 발붙이게 하고 싶지 않을 것이다. 또 당한 만큼 갚아주고 싶을 것이다.

그러나 감정을 가라앉히고 생각해 보면 그가 떠난 이유는 있다. 그 이유에는 내 책임도 분명히 있을 것이다. 그에게 이유를 묻고 싶지 않다면 묻지 않아도 된다. 다만 그동안 그로 인해 좋았던 것들에 대해 말해주자. 또 그가 나에게 어떻게 소중했는지를 말해주자. 그렇게 하면 그는 나에 대한 미안함, 자신의 경솔했던 행동, 지금의 균열에 대한 자기반성 등으로 그 전보다 내게 더 잘하려 할 것이다.

또 일을 제대로 못하는 부하직원은 해고할 것이 아니라면 호되게 야단치는 것은 좋은 방법이 아니다. 사람들 대부분은 나이가 어느 정도 되면 자신의 잘못은 이미 알고 있다. 다만 말하지 않을 뿐이다. 그러므로 지적보다는 그가 능력을 발휘했던 추억을 이야기해 주면서 지금의 실수는 잠깐일 뿐이니 얼른 잊으라고 하는 편이 낫다. 아마 부하직원은 마음으로 나를 따르고 더 신경 써서 일하게 될 것이다.

그동안 주변 사람들의 잘못을 지적하거나 실수에 대해 질책한 적이 분명히 있을 것이다. 지금 잠시 반성의 시간을 갖고 앞으로의 인간관계에 반영하면 도움이 될 것이다.

밑에 누구였는지 이름을 쓰고 그 밑에는 그때 미처 말하지 못했지만 내가 알고 있는 그 사람의 훌륭한 점을 적는다.

훌륭한 점은 생각해 보면 분명히 있을 것이다. 그리고 그때 말해 주었더라면 좋았을 걸 하는 아쉬움이 들 것이다.

● 내가 실수를 지적하고 질책했던 사람

● 그의 훌륭한 점

이미 반성하고 있는 사람에게 따끔한 지적은 멍든 상처에 주먹을 날리는 것과 같다. 멍이 들어 있는 피부는 살짝만 스쳐도 아프다.

그럴 때 그 사람의 훌륭한 점을 상기시켜주면 이는 마치 멍든 상처에 두툼한 반창고를 붙여 주는 것과도 같다. 그것은 나도 성장하고 그 사람도 성장하는 최선의 길이다.

잘못한 사람에게는 질책으로 상처를 주기보다
그가 자책감에서 빠져나오도록 해주자.
그가 가진 좋은 것, 훌륭한 것을 말해주면
그 스스로 반성함은 물론 그의 마음을 얻게 된다.

04

진심이 담긴 사과는 상처를 아물게 하고 감동을 가져다준다

사과는 사랑스런 향기다.
사과는 아주 어색한 순간을 우아한 선물로 바꾼다.
마가렛 리 런벡

사람들은 사과를 하면 지는 것이라고 생각하지만 그렇지 않다. 사과는 루저의 언어가 아니라 반대로 갈등 해소를 주도하는 승자의 언어다.

미국의 버락 오바마 대통령이 신속하게 사과한 유명한 일화가 있다.

민주당 대선 후보 시절 오바마는 자동차 생산 공장을 방문했을 때 여기자가 자신에게 질문을 하자 머뭇거리며 "잠시만요, 스위티"라고 말했다. 스위티는 친구나 연인에게 쓰는 호칭으로 처음 보는 여성에게 그런 말을 쓰는 것은 성희롱 논란을 불러일으킬 소지가 다분히 있다. 이것으로 논란이 일자 오바마는 즉시 여기자에게 전화를 걸었고, 그녀가 받지 않자 음성메시지로 정중하게 사과를 했다. 그의 사과로 인해 이 일은 상대측의 공격 목표가 되지 않았고, 오바마는 사과를 할 줄 아는 멋있는 사람으로 인식되었다.

적극적으로 사과함으로써 돈을 불러온 사례도 있다. 미국의 최고 의료기관 중 하나인 미시간대학 병원에서 2001년 의료사고가 발생했다. 의료 분쟁은 재판 과정이 매우 길기 때문에 환자가 불리한 경우가 많다. 미시간대학 병원 측은 의료사고를 외면하거나 소송으로 해결하지 않고 의료진이 나서서 적극적으로 사과했다. 그 후 소송 건수가 4년 만에 절반 이하로 줄었고, 소송비용도 3분의 1로 줄었다. 줄어든 소송비용은 병원의 흑자에 큰 도움이 되었으며, 거기에 병원은 최고의 신뢰까지 얻게 되었다.

시간이 지나고 돌아보면 당시에는 몰랐던 잘못들이 보인다. 이미 지난 일이고 그 일에 누군가 피해를 보지 않았다면 스스로의 반성만으로 족하지만 그렇지 않았다면 잘못을 고백하고 사과하는 것은 당연한 행동이다. 그런 점에서 알베르 카뮈의 사과는 훌륭한 사과로 기억되고 있다.

알베르 카뮈와 프랑수아 모리아크는 모두 노벨문학상 수상자로 프랑스 국민에게 문화적 자긍심의 대상이다. 두 작가 모두 제2차 세계대전 중에 레지스탕스 운동에 참여했다. 제2차 세계대전이 끝나고 나치 부역자들에 대한 청산 작업에서 두 사람의 생각이 엇갈렸다.

카뮈는 진실과 정의에 입각해서 강력한 처벌을 주장했고, 모리 아크는 전쟁이라는 불가피한 상황에서 저지른 행동이므로 관용을 호소했다. 그러나 전쟁 중 나치의 만행에 치를 떨었던 사람들은 모리아크를 비난했다.

청산 작업이 시작되고 1만 명이 사형선고를 받았다. 그 과정에서 음해와 무고가 남발하고 억울한 희생자도 속출했다. 생계를 위해 어쩔 수 없이 독일군에게 몸을 판 여자들은 삭발을 당한 채 대낮에 시내에서 이리저리 끌려다녔다.

정의라는 이름의 집단적인 광기가 파리를 온통 뒤덮어 사람들에 게서 용서와 관용은 전혀 찾아볼 수 없었다.

처벌을 주장했던 부조리와 저항의 작가 카뮈는 부역자들에게서 불의라는 부조리만 보았지 이렇게 참담하게 행해질 집단의 부조리 는 보지 못했음을 비로소 깨닫게 되었다.

집단적 카타르시스의 광기가 극에 달하자 카뮈는 국민에게 사과 했다. 그는 모리아크가 옳고 자신이 틀렸음을 고백하면서 진심으로 사과했다. 카뮈의 사과는 용기 있는 결단이었다. 당시는 숙청 바람 이 거셌고 말 한 마디만 잘못해도 부역자로 몰릴 수 있는 때였으나 카뮈는 자신의 판단이 잘못되었음을 직접 밝힌 것이다.

1945년으로 들어서면서 청산 작업에 반대하는 사람들이 71퍼센 트에 달했으나 분노의 목소리가 컸기 때문에 잔인한 처벌은 그대로 계속되고 있었다. 그런 시기에 최고의 지성 카뮈의 고뇌 어린 사과 는 프랑스 국민의 마음을 움직였다. 사람들은 점차 각성의 목소리를 냈고 서서히 청산 작업이 줄어들다가 1951년 사면 법안이 통과되면서 부역으로 징역을 살던 사람들의 대다수가 석방되었다.

세상사는 항상 잘하는 사람도 없고 항상 옳은 사람도 없다. 언제나 자기가 옳다고 생각하는 사람은 보는 것만으로도 기분이 나쁘다. 그의 오만과 교만이 누군가를 향해 있을 때 누군가는 반드시 상처를 받게 되어 있다.

우리는 본능적으로 내가 옳다는 생각을 한다. 싸움의 변을 들어보면 잘못한 사람은 아무도 없다. 자신의 입장에서 상대는 틀렸기 때문이다.

그러나 의도하지 않았으나 내가 상처를 준 사람이 있다면 꼭 사과를 하고 맺혀 있는 응어리를 풀어줘야 한다. 상처는 자신이 부족해서 받는 것이지만 내가 준 상처에 대해서는 책임을 져야 한다. 받은 상처는 그 사람의 것이라는 생각은 아집이다.

인도의 신화 중에 '아스라' 라고 하는 정의의 신이 있다. 아스라에게는 아름다운 딸이 하나 있었다. 어느 날 전쟁의 신 '인드라' 가 아스라의 딸에게 반해서 그녀를 겁탈하고 납치했다. 아스라는 화가 나서 결투를 신청했지만 패하고 만다. 그러는 동안 딸은 인드라를 사랑하게 되고 그들은 금실 좋은 부부가 된다.

그러나 아스라의 분노는 끝이 없어서 계속 인드라에게 도전하다가 결국 신계에서 추방을 당한다.

이야기만 놓고 본다면 아스라보다 인드라가 더 나쁘다고 할 수 있다. 그러나 불교에서는 인드라를 법과 질서의 수호신인 제석천으로 삼는다. 반면 아스라는 싸움만 좋아하는 마신으로 불린다. 인드라는 자신의 죄를 사랑으로 승화시켰기 때문이고, 아스라는 자기만 옳다는 아집에서 빠져나오지 못했기 때문이다.

내가 준 상처에 대해 사과를 한다면 관계를 승화시킬 수 있다. 사과라는 말이 거슬린다면 상처받은 사람의 마음을 풀어주는 것이라고 생각하면 된다.

강의 중에 만난 교회 성가대 지휘자가 다음과 같은 자기의 경험담을 들려주었다.

"반주자를 뽑는다고 공고를 냈는데 두 명이 지원을 했습니다. 이력을 보니 한 사람은 경험은 많지만 전공자가 아니었고, 다른 한 사람은 경험은 없지만 전공자였어요. 그래서 전공자를 뽑았습니다. 경험이 많은 사람이 좋지 않겠냐는 의견도 있었지만 그래도 전공자가 낫다고 말했죠. 그런데 그 말이 떨어진 비전공자에게 흘러들어 갔습니다.

시간이 좀 지나서 그 사람이 그 일로 상처를 심하게 받았다는 말을 들었어요. 나는 고민 끝에 그 사람을 만나기로 했습니다. 만나서 그렇게 말한 것에 대해 사과를 했습니다. 그러자 그 사람은 내게 감사하다는 말을 하더군요."

사실 지휘자가 잘못한 것은 없다. 그는 자신의 선택 기준이 전공자였기 때문에 지휘자의 권한으로 전공자를 뽑은 것이다. 그가 사과를 하지 않아도 그것이 비난받을 일은 아니다. 그러나 자신으로 인해 상처받았다는 말을 듣고 사과하기를 선택한 것은 성숙한 행동이었다.

상처를 주고받는 데는 여러 가지 이유가 있을 것이다. 그런데도 나로 인해 상처 받은 사람에게 용서를 구하는 것은 대단히 훌륭한 행동이다. 그런 행동은 상처를 극복할 수 있도록 도움을 주는 방법 중 가장 효과적이다.

만일 진심에서 우러나 사과하고 싶지 않거나 사과할 만한 일이 아니라고 생각했더라도 '그 일로 인해 그렇게 상처 받았다니 내 마음이 편치 않다. 나도 후회하고 있으며 빨리 극복했으면 좋겠다' 는 말이나 마음을 보여주면 어떨까.

홧김에 하고 싶은 말을 다 퍼부으면 속은 시원하지만 시간이 지나면서 뭔가 불편함이 느껴지는 것을 누구나 경험했을 것이다. 그러나 쏟아낸 말은 형체가 없음에도 사라지지 않는다.

만일 내가 생각해도 심한 말이었다면 듣는 사람은 어떻겠는가. 아마 큰 상처를 받았을 것이다. 이런 경우 당연히 사과를 해야 한다. 그것도 빠른 시간 안에 진심을 담아서 해야 한다. 사과하지 않고 불편해서 슬쩍 지나가면 언젠가는 나도 비슷한 일로 두 배 이상의 상처를 받을 날이 올 수 있다.

일 못하는 부하직원을 심하게 야단쳤다고 하자. 얼마 후 그때 너무 심했다는 생각이 들어 미안하다고 하면 부하직원은 사과하는 상사를 절대 우습게 보지 않는다. 오히려 꽤 괜찮은 상사라고 생각할 것이다.

사과하는 행위는 오만하게 버티는 것보다 훨씬 바람직하다.

1970년 12월 7일은 역사적인 사과가 이루어진 날이다.

독일의 빌리 브란트 당시 총리가 폴란드를 방문했다. 제2차 세계대전 당시 폴란드는 국민의 10퍼센트인 300만 명이 유대인이었다. 나치의 홀로코스트가 가장 잔인하게 이루어진 곳이 바로 폴란드였다.

제2차 세계대전 후 독일 정치인이 폴란드를 방문한 것은 처음 있는 일이었다.

바르샤바의 전쟁 희생자 비석 앞에 도착한 빌리 브란트는 성명서를 낭독할 것으로 생각했던 사람들의 예상을 깨고 바닥에 무릎을 꿇었다. 그날은 비가 와서 땅이 젖어 있었다. 그 장면은 역사적 사건으로 남아 있다. 당시 폴란드 국민은 눈물을 흘렸다. 그리고 이제 독일과 친구가 될 수 있을 것이라고 울먹였다.

또 역사에 남은 사과가 있다.

2012년 영국은 케냐 사람들에게 보상을 해주기로 결정했다. 1950년대 영국 식민지였던 케냐에서는 여러 부족이 독립투쟁을 벌였다. 특히 키쿠유족을 중심으로 한 비밀결사단체인 마우마우는 1963년 케냐가 독립할 때까지 영국에 저항했다. 영국은 그들을 강제수용소에 가두고 가혹행위를 했다. 이때 굶주림과 질병, 고문으로 숨진 사람이 3만 명이 넘는다. 영국은 그때의 피해자들에게 사과와 함께 엄청난 보상금을 지급하겠다고 약속했다.

사과는 이렇게 이루어져야 한다. 변명하기, 시간 끌기, 시간이 지나면 잊힐 거라고 기대하며 슬쩍 넘어가기, 사과 대신 다른 걸로

내가 준 상처에 대해 사과를 한다면 관계를 승화시킬 수 있다.
진심이 담긴 사과는 상처를 아물게 하고 감동을 가져다준다.

잘해주면 된다는 생각, 회피하기 등은 못난 행동이다. 사과하는 행위는 모든 상처를 아물게 하며 거기에 감동까지 가져다준다.

우리의 삶이 물리적으로 바뀌는 기적은 잘 일어나지 않는다. 다만 내가 준 상처로 상대방이 괴로운 시간을 보내고 있다면 미안한 마음을 표현하거나 전달하는 것으로도 기적은 일어날 수 있다.

동정은 타인의 아픔을 머리로 이해하는 것이고, 공감은 마음으로 느끼는 것이다.

상처로 힘들어하는 사람을 동정하면 안 된다. 내가 준 상처이기 때문이다. 절대적으로 공감하고 이유를 따지지 말아야 한다. 그걸 따지고 있다면 나는 동정하고 있는 것이다. 동정은 상대방에게 또 다른 상처를 준다.

05

약자에게 상처를 주는 것은
아픈 데 비수를 꽂는 것과 같다

진정으로 강한 사람은 치열하면서도 온화해야 한다.
또한 이상주의자이면서 현실주의자이어야 한다.
마틴 루서 킹

강자에게 약하고 약자에게 강한 것은 가장 비겁한 처세술이다. 같
은 상황이라도 상처를 받지 않는 사람과 받는 사람이 있다. 상처를
잘 받는 사람은 보호가 필요한 약자라 할 수 있다.

황석영의 소설 《오래된 정원》을 보면 잃어버린 시간을 가진 한 남
자가 등장한다. 주인공 오현우는 군사정권 시절 군부독재에 반대하
는 지하운동을 하다가 체포되어 18년간 감옥생활을 하다 출소한다.
오랜 시간 갇혀 지내던 그가 알고 있던 것들은 이제 대부분 없어지
거나 변해 있다. 출소해서 집으로 돌아오는 길에 들른 휴게실 화장
실에서 본 수도꼭지조차 낯설 정도로 그에게는 모든 것이 알고 있던

것과 다르다. 통째로 잘려나간 시간은 정지된 상태로 닫혀 있다. 다만 18년 전의 추억만이 있을 뿐이다. 그는 이제 현실이라는 낯선 공간에서 살아가야 한다. 그가 잃어버린 것을 다시 찾기는 불가능해 보이고 이제부터 마주하는 세상에서 그는 철저히 소외된 약자다.

영화 〈라스베가스를 떠나며〉의 주인공 벤은 영화사에 소속되어 시나리오를 쓰는 작가다. 그는 심각한 알코올 중독자로 의학의 힘이나 사회교정프로그램 등으로 자신의 중독을 고치겠다는 생각을 하지 않는다. 결혼해서 아이도 있었지만 아내와 헤어졌다.

그는 자신이 술을 마셔서 이혼을 했는지, 이혼 때문에 술을 마시게 되었는지조차 기억하지 못할 정도로 술에 절어 산다. 회사에서 해고당한 그는 퇴직금을 갖고 라스베이거스로 간다. 호텔을 구하고 엄청나게 많은 술을 사서 계속 마신다. 그리고 술을 한 달 정도 계속 마시면 죽을 것이라고 생각한다.

어느 날, 그곳에서 지독한 외로움을 겪고 있는 여자 세라를 만난다. 세라는 이미 몸과 마음이 완전히 망가져버린 벤에게서 따뜻한 인간애를 느끼고 그를 사랑한다.

삶에 대한 의지가 없는 벤의 취한 눈은 대상을 향한 적의가 없다. 그의 모습은 치유되지 않는 트라우마, 무언가에 받았을 위협이나 상처 같은 것들을 떠올리게 할 뿐이다.

이 두 인물에게는 어떤 적대감을 가질 수 없다. 이들은 삶에서 소중한 모든 것을 잃은 철저한 약자이기 때문이다. 단지 안쓰럽고 동정심이 들 뿐이다.

약자는 이 두 인물처럼 잃은 것이 많아 마음속에 상실감이 가득 찬 사람이다. 이들에게서 무언가를 뺏는 것은 해서는 안 되는 행동이다.

그런데 이상하게도 사람들은 본능적으로 약자에게 강하다. 이럴 경우 강자는 기고만장해지고 약자는 상처받는다. 물론 강자도 상처를 받지 않는 것은 아니지만 그들은 상대적인 상실감이 적기에 치유가 빠르다. 몸이 약한 사람이 면역력이 약해 병을 쉽게 얻는 것처럼 약자일 때 상처는 쉽게 다가온다.

영화 〈룸(room)〉은 보이거나 보이지 않는 상황이 한 사람을 약자로 만드는 냉정한 현실을 보여준다.

조이는 고등학생이던 17세에 학교에서 돌아오던 길에 한 남자에게 납치를 당한다. 그 후 7년 동안 작은 방에 감금된다. 그 방에서 아들 잭을 출산하고 키운다. 작은 방에서 손바닥만 한 크기의 창문을 통해 하늘을 보며 7년의 감금생활이 이어진다. 그러던 어느 날 조이는 잭과 함께 가까스로 탈출해 집으로 돌아온다.

조이는 그 방에서 나오면 행복할 줄 알았지만 시간이 흐를수록 삶이 힘겨워진다. 조이가 7년 동안 감금되어 있을 때 부모님은 이혼해 그녀가 믿고 의지할 만한 보호막도 없고, 세상은 그녀를 호기심의 대상으로만 바라본다. 사람들은 세상으로 돌아온 후의 그녀의 삶보다 7년 동안 감금되어 있던 삶을 더 궁금해한다.

방송국 인터뷰를 하던 날, 전문 분장사들은 그녀를 예쁘게 치장해주고 카메라는 그녀의 모든 표정을 세밀하게 잡아낸다. 그리고 그곳에서의 생활에 대해 끊임없이 질문한다. 자살하고 싶지 않았는가, 신이 나를 버렸다는 생각을 했었는가, 납치자이면서 잭의 아버지인 사람에 대해 잭에게 어떻게 설명했는가, 그 방에 함께 갇혀 있는 잭의 평범치 않은 유년시절을 생각해 보았는가, 잭을 내보내달라고 납치자에게 사정했었는가 등의 질문들이 이어진다. 그러나 조이는 아무런 대답을 하지 못한다.

사람들은 상상하는 것으로 경험을 대신하고 답을 만들어 조이를 이해한다고 말하면서 그 질문들을 정리해 들려주었다. 그러나 그 질문들은 조이가 7년 동안 스스로에게 했어야 하는 질문들이었다. 조이는 더욱 스스로를 상처내고 전보다 더 작은 방으로 들어가버린다.

조이의 삶은 앞으로가 더 중요하지만, 세상 사람들에게는 그녀의 지난 7년의 삶에 대한 호기심이 중요할 뿐이다. 그녀는 방에서는 납치자에게 약자였고, 세상으로 나왔을 때는 변해 있는 모든 것에서 약자가 되었다.

우리가 약자를 판단하는 기준은 그가 어떤 상황에 있는가이다. 그 상황을 내가 경험하지 못했다 하더라도 판단할 수 있다.

직장에서 일을 잘 못하는 사람, 경제적으로 어려운 사람, 아픈 사람, 가족들의 일이 잘 안 풀려서 고민에 싸여 있는 사람, 실직 중인 사람, 배신당한 사람, 가까운 사람을 잃은 사람들은 약자에 속한다. 어떤 상황에서 나보다 못한 사람도 약자라 할 수 있다. 나는 아니라고 생각하지만 상대가 그렇게 생각하거나 사회적인 기준으로 판단해서 그것에 미치지 못하면 그 사람도 약자에 속한다.

이런 사람을 대할 때는 특별한 주의가 필요하다. 특별 대접을 하라는 것이 아니라 배려해주라는 말이다. 그가 그 상황에서 벗어날 때까지 배려해줄 필요가 있다.

대개의 경우 시간이 흐르면 모든 일은 지나간다. 내가 배려해준 것을 상대방이 알아차리지 못해도 상관없다. 나는 지금 그가 처해 있는 상황보다 더 나쁜 경험을 하지 않게 해주는 것이 중요하다.

내가 잠시 해주지 못한 배려 때문에 나에게 오는 원망의 화살은 피해야 한다. 사람들은 대부분 잘해준 것 백 가지보다 못 해준 것 한 가지를 기억하기 때문이다. 약자일 경우는 더 심하다.

'그때 당신이 나에게 준 상처 때문에 빨리 이겨낼 수 있었어요. 당신은 나를 강하게 해주었어요. 그래서 고마워요' 라고 생각하는 사람은 아무도 없을 것이다. 만약 힘든 시기에 내가 상처를 주었다면 나는 그 사람의 철천지원수가 되어 있을 것이다.

상처받으면 그대로 좌절하는 사람과 오기가 발동해서 힘을 내는 사람이 있다. 그 오기는 상처를 준 사람에게 반격을 준비한다. 그 반격의 타깃이 되는 것은 아무도 원하지 않을 것이다.

강의 중에 약자가 된 적이 있는 사람들을 그룹으로 만들어 대화를 나누게 해 보았다. 그들은 모두 비슷한 경험을 갖고 있었다. 힘든 시절에 가장 많은 상처를 받았는데 상처를 준 사람은 모두 가까운 사람들이었다고 한다. 또한 그동안 받았던 상처 중에서도 힘들 때 받았던 상처가 가장 잊을 수 없고 꼭 대갚음하고 싶은 충동을 느낀다고 했다.

그렇다고 상처 입은 사람이 복수의 칼날을 갈고 있음을 명심하라는 말은 아니다. 약자는 보호의 대상이지 피해야 하는 대상은 아니다. 마음을 나눈다는 것은 바로 그럴 때 필요하다.

미국 소설가 레이먼드 카버의 단편소설《별것 아닌 것 같지만 도움이 되는》에는 아픔을 겪은 사람에게 거창하지 않지만 따뜻한 마음을 나누는 이야기가 나온다.

한 부부가 곧 다가올 아들의 생일을 위해 생일 케이크를 미리 주문해두었다. 하지만 아들의 생일날 사고로 아들을 잃고 만다. 시간이 지나도 케이크를 찾아가지 않자 빵집 주인은 여러 차례 독촉을 하고, 실의에 빠진 부부는 빵집 주인을 찾아가 저주의 말을 퍼붓는다.

그제야 사정을 알게 된 빵집 주인은 부부에게 겉에 입힌 설탕이 아직 굳지도 않은 빵을 대접한다. 그리고 이렇게 말한다.

"내가 갓 만든 따뜻한 롤빵을 좀 드시지요. 뭘 좀 드시고 기운을 차리는 게 좋겠어요. 이럴 때 뭘 좀 드시는 것이 별것 아닌 것 같지만 도움이 되지요."

갑자기 허기를 느낀 부부는 롤빵과 커피를 먹으며 빵이 따뜻하고 달콤하다는 생각을 한다.

상대가 약하다는 것을 알았으면 내 마음의 경계, 기준, 판단, 편견을 싹 비워야 한다. 약한 사람 앞에서는 그보다 우선적인 것이 없기 때문이다. 중요한 것은 내 앞에 있는 약한 사람이다. 그렇게 나누는 마음은 그에게도 선물이겠지만 우리에게도 선물이다.

사람들은 본능적으로 약자에게 강하다.
이럴 경우 강자는 기고만장해지고 약자는 상처받는다.
물론 강자도 상처를 받지 않는 것은 아니지만
그들은 상대적인 상실감이 적기에 치유가 빠르다.
몸이 약한 사람이 면역력이 약해 병을 쉽게 얻는 것처럼
약자일 때 상처는 쉽게 다가온다.

당신의 인간관계는
안녕하신가요?

01

___

진정한 친구를 얻는다면
성공한 삶이다

누군가는 성공하고 누군가는 실수할 수 있다.
하지만 이런 차이에 너무 집착하지 말라.
친구란 이름만큼 흔한 것이 없고,
진솔한 친구만큼 진귀한 것도 없다.
새뮤얼 존슨

사람 간에 주고받을 수 있는 것 중에서 가장 가치 있는 것은 '정(情)'
이다. 그가 어떤 사람인지 알려면 그 친구를 보라는 말이 있다. 그
만큼 인간관계는 그 사람의 많은 것을 말해준다. 그래서 진실한 친
구를 둔 사람은 부러울 것 없는 큰 재산을 갖고 있는 것이다.

우정의 대표적인 사례로 서양 고대국가인 시라쿠사의 다몬과 핀
티아스의 우정을 들 수 있다. 핀티아스는 시라쿠사의 지도자인 디
오니시오스 1세에 대한 반역죄로 사형을 선고받는다. 죽기 전 그는
고향의 부모님께 작별 인사를 드리기를 원하고 다녀올 동안 친구인
다몬이 대신 감옥에 갇혀 있기로 한다. 그러나 사형 집행일까지 핀

티아스가 돌아오지 않으면 다몬이 대신 죽어야 하는 조건이 걸려 있었다.

사람들은 핀티아스가 절대 돌아오지 않을 거라고 생각했으나 핀티아스는 사형 집행 직전 약속대로 돌아온다. 길이 험하고 도중에 도적을 만나 구사일생으로 돌아오는 바람에 늦은 것뿐이었다. 디오니시오스 1세는 두 사람의 우정에 감동해 두 사람 모두 풀어준다.

아마 지금은 다몬과 핀티아스처럼 친구를 위해 목숨을 바칠 수 있는 사람은 많지 않을 것이다. 이익을 따져 인간관계를 맺는 현대 사회에서 가족 이외의 사람들과 진실한 마음을 주고받을 수 있는 정도만 되어도 좋은 관계라 할 수 있다.

믿을 수 있고 마음을 나눌 수 있는 친구는 많을수록 좋다. 나이가 들면 친구처럼 좋은 것이 없다고 할 정도로 친구는 인생의 동반자다. 친구와 진실한 우정을 나누는 모습은 지극히 아름답다.

오스트리아의 등반가이자 작가인 하인리히 하러와 티베트의 14대 달라이 라마는 나이와 국적을 넘어 아름다운 우정을 나눈 것으로 유명하다.

하러는 1939년 독일원정팀에 합류해 낭가파르바트 등반 도중 영국군에게 체포되어 인도포로수용소에 수감되었다. 수감 도중 탈출해 21개월 동안 2000킬로미터가 넘는 히말라야를 넘어 티베트에 도착했다.

그곳에서 소년이던 달라이 라마를 만나게 된다. 이들은 23세라는 나이 차를 넘어 우정을 나눈다. 그 당시 하러는 오랜 수용소 생활과 21개월 동안을 걸어왔던 까닭에 신체적으로 허약했으며 고국에 돌아갈 수 없는 상황이어서 극심한 절망감을 겪고 있었다. 또 한때 나치의 당원이었던 자신을 용서하지 못해 자책감에 시달리고 있었다.

그리고 달라이 라마는 티베트 국민의 정신적 지주라는 사실을 받아들이기엔 소년으로서 상당한 부담감을 갖고 있었다. 게다가 그는 궁금한 것이 많았고 그것을 가르쳐줄 사람은 아무도 없었다.

하러는 그에게 티베트 너머의 세상을 알려주고 달라이 라마는 그런 하러에게 의지했다. 또한 오랜 고난으로 몸과 마음이 지쳐 있던 하러에게 비록 어린 소년이지만 달라이 라마는 마음속에 깊고 강한 존재로 자리잡았다. 그는 낯선 타향에서 소년인 달라이 라마에게 의지했다.

1951년 중국이 티베트를 점령하고 하러는 오스트리아로 돌아온다. 달라이 라마는 1959년 인도로 피신한다. 그들의 우정은 하러가 2006년 94세의 나이로 죽을 때까지 이어진다. 하러의 고향인 오스트리아의 후텐베르크에는 하러 박물관이 있으며 그곳에는 티베트에서의 사진이 전시되어 있다. 달라이 라마는 하러가 죽은 후 그곳을 찾아가 그와의 우정을 기렸다. 그들의 우정은 사람들에게 깊고 오랜 우정의 아름다움을 느끼게 해준다.

우리는 흔히 동창, 동갑, 같은 종교, 같은 직장 등 어떤 공통점을 갖고 있어야 우정을 나눌 수 있다고 생각하지만 꼭 그런 것은 아니다. 그보다는 어떤 마음을 나누고 있는가가 관계에서 더욱 중요하다. 우정을 나누는 데 나이는 중요하지 않다.

영화 〈밀리언 달러 베이비〉는 나이를 초월한 아름다운 우정을 그리고 있다. 여기서 '밀리언 달러 베이비'라는 말은 모든 물건이 1센트인 가게에서 백만 달러의 가치를 지닌 물건을 발견한다는 의미다.

복싱 체육관을 운영하는 프랭키는 완고한 성격으로 매사에 전혀 타협할 줄을 모른다. 가족들도 그를 외면해서 그는 혼자 살고 있다. 그는 고지식한 성격 그대로 자신이 가르치는 선수들의 안전을 위해서 모험을 하지 않는다. 충분히 준비가 되었을 때 경기에 내보내기 때문에 실력이 좋은 제자들은 어느 정도 실력이 쌓이면 그를 떠난다. 이제 나이가 들고 새로운 도전의 희망이 보이지 않는 가운데 그에게 31살의 매기가 찾아온다.

매기는 성장하면서 전혀 사랑을 받지 못한 인물이다. 그녀의 가족은 무능하고 가족들은 그녀의 삶보다 그녀가 자신들에게 주는 돈에만 관심이 있다. 식당에서 일하며 손님이 남긴 음식으로 끼니를 해결하는 매기에게 복싱은 유일한 희망이다.

프랭키는 매기를 가르치고 매기는 눈을 뜨고 있는 모든 시간을 복싱에 전념한다. 매기에게 복싱을 가르치면서 프랭키는 그녀의 성실함과 검소함을 알게 되고 그녀의 이기적이고 몰염치한 가족들을 만난 뒤 인간적인 따스함으로 매기를 대하게 된다.

매기는 드디어 경기를 치르게 되고 나가는 모든 경기에서 이긴다. 매기는 돈을 벌고 명성을 얻지만 변함없이 프랭키만을 자신의 스승이자 유일한 매니저로 신뢰한다. 그리고 마침내 챔피언에게 도전을 했지만 거의 이겨가던 순간에 상대 선수의 반칙으로 치명적 부상을 입게 된다. 머리만 빼고 온몸이 마비된 매기는 회복 불가능 판정을 받는다. 호흡도 혼자 할 수 없어 산소호흡기에 의지하고 썩 어들어가는 다리까지 절단한다.

프랭키는 매기를 살리기 위해 관련 있는 모든 병원을 알아보지 만 모두에게서 가망이 없다는 이야기를 듣는다. 살아야 할 의미를 찾지 못하는 매기는 프랭키에게 자신을 죽여달라고 부탁하지만 프 랭키는 그렇게 할 수 없다고 말한다.

그녀는 자신이 할 수 있는 방법으로 혀를 깨물어 자살을 여러 번 시도한다. 매기는 하루하루 몸뿐 아니라 마음도 죽어간다. 결국 프 랭키는 매기의 부탁대로 산소호흡기를 떼주고 매기는 편안히 눈을 감는다.

매기의 유일한 친구는 프랭키 단 한 사람뿐이었다. 그녀의 외롭 고 고단한 인생에서 프랭키는 무언가를 준 유일한 사람이었다. 또 한 매기의 호흡기를 떼주고 나서 자신이 평생 겪게 될 자책감을 알 고 있었지만 매기를 완벽히 이해하고 있었던 그는 그녀가 원하는 것을 해주었다. 두 사람은 서로에 대한 절대적인 신뢰로 나이를 초 월한 우정을 나누었다. 부녀 같으면서 친구 같은 그들은 제목처럼 서로에게 허름한 곳에서 만난 보물 같은 존재다.

프랭키와 매기처럼 진정한 친구를 얻는다면 삶이 결코 외롭지 않 을 것이다. 그런 인생은 다른 것을 얻지 못했어도 결코 실패한 삶이 아니다. 진정한 친구는 쉽게 얻을 수 있는 것이 아니기 때문이다.

또 인생의 끝자락에서 만나 마지막 남은 생의 동반자로 두터운 우정을 만드는 사람들도 있다. 영화 〈드라이빙 미스 데이지〉는 이익 관계로 시작되어도 진실한 우정을 나눌 수 있음을 보여준다.

1950년대 초, 은퇴한 교사 출신으로 가정부만 데리고 교외의 주택에서 혼자 살고 있는 데이지는 깐깐하고 모든 일에 빈틈이 없으며 마음에 들지 않는 것을 참지 못하는 성격을 갖고 있다. 또한 자신 이외의 사람에 대한 신뢰가 없어서 사사건건 의심한다. 주변 사람들은 그녀를 대하기 어려운 사람으로 생각해 가까이하지 않는다. 그녀는 70이 넘어 운전이 어려워지자 아들의 권유로 운전기사를 채용한다. 운전기사로 들어온 호크는 흑인으로 성실하고 손재주가 많고 정직한 사람이다.

데이지는 사사건건 호크에게 잔소리를 하고 자신을 속이거나 대충대충 일을 해서는 안 된다고 늘 강조한다. 호크가 몰래 먹을 것을 의심해 주방에 보관하고 있는 통조림 개수까지 세어 놓고 있던 그녀는 어느 날 한 개가 없어진 것을 알고 아들을 불러 호크를 해고하겠다고 한다. 그러나 출근한 호크의 손에는 통조림이 하나 들려 있었고, 그는 어제 식사가 부실해 통조림을 먹었기에 한 개를 사왔다고 말한다. 그 일로 데이지는 호크에 대한 신뢰가 생기기 시작한다.

또 알파벳은 알지만 붙여 읽을 줄을 모르는 자신에게 글자공부책을 선물하는 데이지의 모습에서 호크는 그녀의 까칠한 성격 안에 있는 따뜻함을 깨닫게 된다.

오랫동안 집안일을 해오던 가정부의 죽음으로 데이지는 호크에게 더욱 의지한다. 폭설이 내려 자동차가 다니지 못하게 된 어느 날 아침, 혼자 있어야 할 데이지가 걱정되어 호크는 무리하게 운전을 하여 출근하고 어머니 걱정에 전화를 한 아들에게 데이지는 호크가 있으니 괜찮다고 말한다.

그들의 관계는 25년간 그렇게 이어지다가 치매증세를 보이는 데 이지가 요양원에 들어가면서 둘은 헤어지게 된다. 요양원에 들어가 던 날 데이지는 정신이 없는 중에 혼신의 힘을 다하여 호크에게 처 음으로 "나의 진정한 친구"라고 말한다. 그 이후에도 호크는 가끔 데이지를 보러 요양원으로 간다. 데이지는 아들보다 호크를 더 보 고 싶어 하며 그가 먹여주는 파이를 즐겁게 받아먹는다.

이들의 관계를 아름답게 지속시킨 것은 서로에게 의도적이지 않 았다는 점이다. 데이지는 호크를 믿기엔 성격이 허락하지 않았고 호크는 경제적으로 일이 필요했으며 타고난 천성적 성실함으로 자 신이 해야 할 일을 잘하겠다는 목적이 있었다. 데이지가 호크를 신 뢰하게 된 것은 호크가 갖고 있던 그의 천성을 보았기 때문이며 그 것은 호크도 마찬가지였다. 그들은 서로의 진정한 가치를 알아보았 던 것이다.

또 생의 마지막을 함께하는 우정도 있다. 영화 〈버킷 리스트〉에 는 시한부 선고를 받은 두 사람이 생의 마지막에 나누는 우정을 보 여주고 있다.

에드워드와 카터는 각각 시한부 선고를 받고 병원에 입원하면서 만나게 된다. 대기업 CEO인 에드워드는 인수합병이나 고급 커피

이외에는 다른 어떤 것에도 관심이 없다. 그는 16살 때부터 돈을 벌기 시작해서 80살이 된 지금까지 돈을 벌기 위해 일에 매달려왔다. 결혼을 했었지만 이혼했고, 하나밖에 없는 딸과는 연락을 하지 않고 있다. 에드워드에게는 가족이나 친구보다 일이 중요하고 그는 자신이 이룬 성공이 만족스럽다. 카터는 교수가 되는 꿈을 갖고 대학을 다녔지만 이른 결혼과 태어난 아이 때문에 학업을 포기하고 자동차 정비공이 된다. 그 후 평생 정비일을 하면서 삼남매를 부양했으며 그러는 사이에 노인이 되었다.

같은 병실을 쓰게 된 두 사람은 자신들의 생명이 6개월에서 1년 정도 남았다는 사실을 알게 된다. 그들은 살아온 환경이 매우 다르지만 세상에서 둘도 없는 완벽한 공감대를 갖는다. 그들은 남은 시간을 알차게 보내기 위해 버킷리스트를 작성하고 하나씩 경험해간다.

그러던 중 카터는 에드워드에게 딸을 만나도록 주선하지만 에드워드는 화를 내고 아직 하지 못한 리스트가 남아 있음에도 체험을 끝낸다. 그리고 카터는 증세가 악화되어 병원에 입원하고 병문안을 온 에드워드에게 남은 리스트를 혼자서 실행하라고 부탁한다. 카터의 장례식장에서 에드워드는 카터가 자신의 진실한 친구였으며 그와 함께 있었기 때문에 마지막 인생이 기뻤다고 말한다. 다음 해 에드워드도 죽고 리스트의 마지막에 있던 장엄한 경치 보기에 의거해 두 사람은 히말라야에 나란히 안장된다.

이들의 우정은 다른 사람들과 나눌 수 없는 공감대가 있어서 시작되었다. 평생을 다른 사람에게 명령만 하면서 살아온 에드워드에게 카터는 동등한 높이에 서 있는 유일한 사람이었다. 카터는 에드워드에게 돈으로 살 수 없는 인생의 기쁨을 찾는 법을 알려준다. 에드워드는 나름대로의 아픔으로 절대 하지 않으려 했던 딸과의 만남을 통해 기쁨을 찾게 된다. 그리고 카터는 꿈만 꾸었지 볼 수 없고 체험할 수 없었던 것들을 에드워드로 인해 할 수 있게 된다. 이들은 리스트를 작성하고 실행해가는 동안 잃었던 과거의 자아를 찾은 듯 활력이 넘친다. 그리고 죽음에 관한 구체적인 계획도 세운다. 그들은 죽음이 눈앞에 있었지만 함께 있으면서 두려움을 덜었고 진정한 우정을 체험한다.

우리는 살아오면서 수많은 사람을 만나고 관계를 맺어왔다. 그 사람들 중에는 지금 남아 있는 사람도 있고, 멀어진 사람도 있으며, 기억조차 희미한 사람도 있을 것이다. 또 한때는 죽고 못 사는 관계였지만 지금은 만나지 않거나 관계가 좋지 못한 사람도 있을 것이다.

그렇다면 왜 그렇게 되었을까를 진지하게 생각해 보는 것이 좋다. 지금 그 사람과의 관계를 회복해야 할 필요성을 못 느끼더라도 그 사람과의 지난날은 내 역사이기 때문이다.

우리가 역사를 재조명하고 진실을 바로 세우듯이 내 역사를 돌아보는 일은 우리 삶에서 중요한 일이다. 이것은 반성의 의미가 아니라 내 소중한 서랍을 정리해서 여백을 확보하는 것과 같다. 그래야 그 자리에 무언가를 채울 수 있으며 굳이 채우지 않더라도 여백을 만들어 두어야 기회가 생기기 때문이다.

우정을 맺는 방법은 여러 가지이며 지키는 방법도 많다. 방법적인 것은 상황이나 개인차가 있으므로 일괄적으로 정리할 수는 없지만 어느 정도 지난 후에 그때의 나를 생각하면 '그래야 했었는데' 하는 느낌이 있을 것이다.

우선 우정을 너무도 잘 쌓은 사람의 예를 보기로 하자. 우정은 이렇게 만들어가야 하는구나 하는 것을 느낄 수 있다.

바로 영화 〈포레스트 검프〉의 주인공 포레스트가 그렇다. 그는 일반사람보다 지능이 떨어져서 친구가 많지 않다. 그러나 그가 몇 안 되는 그의 친구들에게 하는 행동은 우정을 쌓는 방법의 정석을 보는 듯하다.

초등학교 첫 등교일에 스쿨버스를 탔을 때 포레스트에게 아무도 옆자리를 내어주지 않는다. 그때 제니라는 여학생이 자리를 내준다. 그 후로 포레스트는 제니와 가장 가까운 친구가 된다. 대학 졸업 후 군에 입대하던 날 입영버스를 탔을 때도 역시 병사들은 그에게 자리를 내주지 않았으나 단 한 명이 옆에 앉으라고 한다. 그의 이름은 버바였고, 그날부터 버바는 포레스트의 친구가 된다. 버바는 시간이 날 때마다 고향에서 새우 잡던 이야기를 한다. 새우는 버바에게 가장 중요한 과거이고 미래이므로 그는 새우를 빼고는 이야기할 것이 없기 때문이다. 군 생활 중 두 사람은 베트남전에 나가게 된다. 버바는 전쟁이 끝나 돌아가면 함께 새우사업을 하자고 제의하고 포레스트는 그렇게 하겠다고 약속한다. 그러나 버바는 전투 중에 전사한다. 제대 후 버바와의 약속을 지키기 위해 배를 만들어 새우잡이에 성공해 큰돈을 벌게 된 포레스트는 버바의 고향 부모님에게 거액을 송금한다. 그리고 자신이 잡은 새우에 버바새우라는 이름을 붙인다.

포레스트의 또 한 사람의 친구는 댄 중위다. 댄 중위는 포레스트가 베트남에 파병되었을 때의 직속상관으로 전투경험이 많고 리더십 있는 장교로 포레스트는 그런 장교를 만난 것을 다행이라고 생각한다. 댄 중위는 전투 중 부상을 당해 두 다리를 잃고 상이군인으로 제대한다. 휠체어를 탄 채 술에 젖어 살던 그에게 포레스트는 같이 새우사업을 하자고 제의한다. 일이 잘되자 포레스트는 사업을 중위에게 맡기고 고향으로 돌아간다. 댄 중위는 수익을 내고 그것을 다시 투자해 큰돈을 벌며 수입이 생길 때마다 포레스트와 공동으로 배분한다. 상이군인으로 절망적 삶을 살던 댄 중위는 포레스트로 인해 새로운 인생을 시작하고 재기에 성공한다.

포레스트는 친구라는 이유만으로 자신이 가진 모든 것을 나누었다. 심지어 부상당한 댄 중위와 버바를 친구라는 이유만으로 총알이 날아다니는 전쟁터에서 둘러메고 달린다.

물론 영화의 황당한 설정일 수는 있지만 우리는 이 영화를 보면서 다른 사람과의 관계에서 어떻게 행동해야 할지에 대해 생각해보게 된다. 포레스트는 지능이 모자라기 때문에 계산을 하거나 머리를 쓰는 인물이 아니다. 그래서 그가 사람을 대하는 태도는 일관되게 순수하다. 그를 통해 배울 수 있는 것은 진정한 관계를 맺기 위해서는 머리가 아니라 마음이 움직여야 한다는 점이다.

그러나 현실적으로 다른 사람과의 관계에서 계산하지 않는 것이 가능할까?

상처에 대한 강의 중에 사업이 망해서 바닥을 경험한 사람들의 이야기를 들어보면 공통적으로 하는 말이 있다. 망하고 보니 다른 것은 몰라도 사람의 옥석을 가릴 수 있었다고 한다. 망한 친구의 옆에 남아 있는 사람은 계산을 하지 않는 사람일 것이다. 내가 가진 것이 하나도 없는데도 나에게 무언가를 주는 사람은 계산하지 않는 사람이다. 그렇다면 현재 그런 친구를 갖고 있는가?

이제 더 중요한 질문을 던져 보겠다.

'나는 아무것도 나눌 것이 없는 친구의 옆에 손해를 감수하면서도 조건 없이 남아 있었던 적이 있었는가?'

그럴 수도 있고 아닐 수도 있는 이 질문에 대한 대답을 우리는 무심히 지나쳐서는 안 된다. 우리에게는 앞으로의 삶이 중요하며 삶은 관계 속에서 이어질 것이니 말이다.

마음먹은 대로 되지 않아 어려운 인간관계는 상처의 주요 원인이다. 내가 친구에 대해 어떻게 생각했는가도 문제이고, 나의 친구도 문제가 있었을 것이다. 그렇다면 관계를 정비할 필요가 있다.

사람 간에 주고받을 수 있는 것 중에서 가장 가치 있는 것은 '정(情)'이다.
그가 어떤 사람인지 알려면 그 친구를 보라는 말이 있다.
그만큼 인간관계는 그 사람의 많은 것을 말해준다.
그래서 진실한 친구를 둔 사람은 부러울 것 없는 큰 재산을 갖고 있는 것이다.

02

당신의 인간관계는
어떤 모습인가요?

행복을 찾고 있지만 좀처럼 행복한 순간을 누리지 못하는
사람들은 의지가 부족해서 그런 것이 아니다.
가장 큰 문제는 그들 주위의 누군가가 행복을 방해한다는
사실을 모르는 데 있다.
크리스티안 퓌트예르

이제부터 자신의 인간관계를 일목요연하게 파악할 수 있는 작업을
해 보도록 하자. 여기서의 분석은 친구가 어떤 사람인지 평가하는
것이 아니라 나에게 그가 어떤 사람인가를 내가 판단하는 방식이
다. 이 작업은 앞으로의 삶에 도움이 될 것이다.

여기에는 부모와 자녀, 형제, 배우자는 포함시키지 않는다. 그
이외에 현재 나와 관계를 맺고 있는 사람이 전부 포함된다.

옆의 질문에 해당되는 사람들의 이름을 쓴다. 생각나는 대로 전
부 쓴다.

● 1번 그룹 (만나면 편한 사람)

● 2번 그룹 (만나면 긴장하게 되는 사람)

● 3번 그룹 (별로 신경 쓰이지 않는 사람)

앞에 작성한 명단에서 3번 그룹에 속하는 사람들은 당신에게 그다지 영향력이 없는 사람이다. 그들과는 상처를 주고받을 일이 거의 없을 것이니 신경 쓰지 않아도 된다. 그들은 있어도 그만 없어도 그만인 사람들이다. 3번 그룹은 숙고할 필요가 없다.

1번과 2번 그룹의 사람들은 나에게 영향력이 있는 사람들이다. 그들은 현재 나의 친구들이다. 그러면 그 사람들을 다시 분류해 보자.

1번 그룹의 사람들은 내가 좋아하는 사람들일 것이다. 그들과의 만남을 나는 즐기고 기다리고 있다. 중요한 것은 그들을 만나면 내가 편하다는 사실이다.

만나서 편한 것은 친구와의 만남에서 기본적으로 중요하다.

그렇다면 어떻게 좋은지 이제 1번을 두 그룹으로 나눠보자.

● 1. 만나면 재미있는 사람

● 2. 만나면 유익한 사람

위의 1번과 2번 모두 나의 친구들이지만 나에게 가장 좋은 사람은 2번 '유익한 사람'이다. 그 이유는 편하면서 내게 이익을 주기 때문이다. 이 사람은 나와 성향이 잘 맞고 만나고 있는 시간 동안 내가 배울 점이 있는 사람일 것이다. 어떤 것을 배우든 만나는 것 이외에 다른 플러스되는 것이 있는 사람이다.

'재미있는 사람'과의 만남은 휴식이나 재충전을 위해 좋다. 그러나 재미만을 위한 만남은 발전적이지 않다. 나 자신을 변화시키고 싶다면 만남에 현명한 조절이 필요하다. 바로 이 유익한 사람과의 만남이 그런 기회를 줄 수 있다.

그 사람과의 만남이 중요한 이유는 그가 나에게 유익한 무엇인가를 주면서도 편하다는 점이다.

재미있는 사람과 유익한 사람은 나를 이해하고 있기 때문에 편하고 나도 그들을 이해하고 있을 것이다. 그러므로 상처를 주고받을 일이 거의 없다. 이 사람들과 살아가는 삶은 말 그대로 재미있고 유익하다.

우리가 일생을 통해 만나는 많은 사람 중에 이런 귀한 사람은 많지 않다. 그들은 나에게 무엇과도 바꿀 수 없는 소중한 사람들이고, 돈으로 환산할 수 없는 재산이다.

이들과의 관계를 당연하게 생각하지 말고 그 관계를 유지하고 발전시키기 위해 노력해야 한다. 편하다는 생각에 방치하고 노력하지 않으면 우정도 지속되지 못할 수 있다. 우정을 지키기 위한 노력은 유쾌할 뿐 아니라 가치 있는 일이다.

다음은 2번 그룹 '만나면 긴장하게 되는 사람' 에 대해 이야기해 보자. 나를 긴장하게 하는 사람은 분명 이유가 있다. 그러므로 2번 그룹에 대해서는 냉정하고 면밀하게 생각할 필요가 있다. 여기에 속한 사람들을 3가지로 나누어 본다.

앞에 쓴 이름들을 보면서 이들을 다음의 세 부류로 나누어 보자.

배울 것이 많거나 내가 도움을 받고 있는데 불편함이 느껴지는 사람은 3번으로 넣도록 한다. 긴장하는 것과 불편함이 느껴지는 것은 다르다. 쉽게 설명하자면, 긴장감은 상대에게 예의를 갖춰야 한다거나, 왠지 좋게 보이고 싶은 마음이 있는 상태다. 반면 불편함은 그가 싫은 것이다. 배울 것도 많고 도움도 받고 있는데 불편하다면 나는 그를 싫어하는 것이므로 3번에 넣는다.

● 1. 배울 것이 많은 사람

● 2. 내가 도움을 받고 있는 사람

● 3. 그저 불편함이 느껴지는 사람

'배울 것이 많은 사람'은 나에게 약이 되는 사람이다. 이런 사람이 나를 긴장하게 하는 것은 나에게 발전하고 싶은 욕구가 있기 때문이다. 중요한 것은 나를 긴장하게 하고 배울 것이 많은데 불편함이 느껴지지 않는다면 그는 가까이할수록 좋다. 또한 그와 가까워지기 위해 더 노력하는 것이 좋다. 그는 나를 계속 발전하게 해 줄 사람이다.

'내가 도움을 받고 있는 사람'은 고마운 사람이다. 또 그런 사람이 불편하지 않다면 그는 꽤 훌륭한 인품을 가졌을 것이다. 하지만 나에게 도움을 주는데도 불구하고 만났을 때 긴장한다는 것은 내가 그 사람을 가깝게 생각하지 않는다고 볼 수 있다. 아마 도움을 받고 있기 때문에 그럴 수도 있다. 도움을 받는 것에 신세를 지고 있다는 느낌이 떨쳐지지 않기 때문이다. 또 언젠가는 갚아야 할 의무감이 남아서다.

그러나 그는 괜찮은 사람이고 나를 좋아하는 것이 분명하다. 그러므로 그를 배신하는 일이 없어야 한다. 그 사람은 도움을 주었지만 받을 생각을 하지 않을지도 모른다. 그러나 배신은 이야기가 다르다. 이것은 최고의 상처를 주는 일이므로 배신할 일이 생겨도 배신을 해서는 안 된다.

마지막으로 '그저 불편함이 느껴지는 사람'과는 가급적 만나지 않는 것이 좋다. 내가 도움을 받고 있는데 불편함이 느껴진다면 비록 그의 도움을 받고는 있지만 나는 그가 싫은 것이다. 그가 싫은 이유는 그가 내게 주고 있는 도움을 의식하고 있으며 나에게 가끔

생색을 내고 있는 것일 수도 있다. 이럴 경우에는 그 사람과의 관계를 정리하는 편이 좋다.

도움을 받는 것도 마음이 쓰이는데 불편하기까지 하다면 너무 초라하고 힘들다. 그러니 더 이상 도움을 받지 않는 것을 고려해 보자. 그러나 도움을 받을 수밖에 없는 상황이라면 서서히 줄이면서 다른 방법을 찾는 것이 좋다. 그러나 아무리 그가 불편해도 나에게 도움을 주었던 사람이라는 점을 잊으면 안 된다. 기회가 생기면 꼭 보상해야 한다.

그가 나에게 불편한 이유는 여러 가지 소소한 이유가 있을 것이다. 이 기회에 그 사람이 불편한 이유를 깊이 생각해 봐야 한다. 대부분이 내가 갖고 있는 열등감에서 비롯되었을 확률이 높다. 그렇다면 그가 특별히 나에게 잘못한 것이 없어도 나는 불편할 것이므로 쓸데없이 그를 미워하지 말고 만나지 않으면 된다.

다만 어쩔 수 없이 자주 만나야 하는 사람이라면 적당히 방어적이어야 한다. 그는 나에게 상처를 줄 요소가 꽤 있고 나도 그에게 상처 줄 수 있기 때문이다.

방어적으로 대하는 것을 부정적으로 생각할 필요는 없다. '상처받지 않는 방법'과 '상처 주지 않는 방법'을 적용하는 것으로 생각하면 된다.

물론 그 방법은 누구에게나 해당되는 것이지만 적용했을 때 상대방에 따라 방어적이 될 수도 있고 친밀함을 갖게 될 수도 있다.

그리고 그저 불편하기만 한 사람은 나와는 인연이 아닌 사람이라고 생각하면 된다. 어쩌면 그도 나를 그렇게 생각할지 모르니 마음의 부담을 가질 필요는 없다. 모든 사람과 잘 지내는 것이 사회생활을 잘하는 것이라는 생각에 참고 만나면 별일도 아닌 일에 상처를 주고받을 수 있다.

위의 분류작업은 삶에서 실질적으로 도움이 될 것이다. 모든 사람과 잘 지내는 것은 가장 바람직하지만 현실적으로 가능하지 않다. 그러므로 이런 인간관계의 재정비는 가끔 필요하다.

인간관계는 우리 삶의 실제 모습이며 항상 현재 진행형이다. 지금 나는 어떻게 살고 있는가라는 것은 내가 사람들과의 관계를 어떻게 유지하고 있는가와 일맥상통할 수 있다.

위에서 인간관계를 재정비하는 작업은 관계의 유지를 수월하게 하기 위한 목적이다. 관계는 맺는 것보다 유지하는 것이 더 중요하기 때문이다.

좋은 사람들과 좋은 관계를 맺고 있다는 것은 삶에서 참으로 행운이다. 이것은 상처와 멀어지는 구체적인 방법이며 우리의 전 생애 동안 내내 필요할 것이다.

좋은 사람들과 좋은 관계를 맺고 있다는 것은
삶에서 참으로 행운이다.
이것은 상처와 멀어지는 구체적인 방법이며
우리의 전 생애 동안 내내 필요한 일이다.

삶은 우리의
마음먹기에 달렸다

01

삶에서 소중한 관계를 잃는 것보다 커다란 손실은 없다

사랑은 그 자체가 하나의 부유함이고
그 어떤 물질적 부유함보다 더 소중하다.
김제동

혼자 있는 시간을 좋아하는 사람도 있고 여럿이 어울리는 것을 좋아하는 사람도 있다. 자신의 시간을 어떻게 보내는가는 순전히 우리 자신의 몫이다.

혼자 보내는 시간은 소중하다. 요즘은 컴퓨터만 있으면 며칠이고 집에 틀어박혀 있어도 지루하지 않다. 또 독서를 할 수도 있고, 다른 사람의 취향을 고려할 필요 없이 선택의 자유로움 속에서 하고 싶은 것을 다 누리며 고독을 즐길 수도 있다. 혼자만의 고독은 개인적 성장에 필요한 자양분과도 같다. 그러나 사람들과 어울리는 시간도 혼자 보내는 시간만큼 필요하다.

너무 사람들과 함께 어울려 다니면 생각할 시간이 없고, 계속 혼자만 있으면 고립되기 쉽다. 그래서 이 두 가지는 적절히 조화를 이루어야 한다.

인간은 사회적 동물이기에 사람들은 하나의 공통점만 있어도 동호회를 만들고, 친한 사람이 셋만 넘으면 친목회를 만들어서 모임을 유지하려고 한다. 10대부터 노인들까지 모두 한두 개의 모임을 갖고 있으니 세상 속에서 살려면 절대 혼자 살아갈 수 없다. 그러나 어떤 모임이든 익숙하고 오래된 사람들과의 만남처럼 즐거운 것은 없다.

오랜 시간 정을 나누며 살아온 사람들은 앞으로도 평생을 함께할 소중한 존재다. 긴 시간을 그들과 보냈으며 그들로 인해 쌓은 추억이 얼마나 많은가. 그래서 그들은 결코 한순간의 실수로 잃어서는 안 될 값진 존재들이다.

나를 잘 알고 있는 사람들과 만나면 편하고 즐겁다. 나를 설명할 필요도 없고 잘 보이기 위해 애쓰지 않아도 된다. 나이가 들수록 오랜 친분을 나눈 이들과의 관계는 값지다. 그러므로 그들을 잃는 것은 소중한 것을 잃는 것이다.

그러나 한순간의 실수로 소중한 사람들을 잃을 수도 있다. 가깝기 때문에 기대치가 커서 지나가는 말 한마디에도 서운함을 느낄 수 있다. 그것은 친한 만큼 나를 잘 이해한다고 생각하기 때문이다. 그러므로 가까운 사이일수록 상처를 주고받지 않기 위해 노력을 기울여야 한다.

그렇다면 오래전부터 친했던 사람들이 현재 모두 내 옆에 있는지 생각해 보자. 분명히 없는 사람들이 있을 것이다. 어쩌면 생각보다 많아서 당혹스러울 것이다. 그때에는 이 사람과 오래도록 친하게 지낼 것이라고 생각했겠지만 그렇게 되지 않았다.

그러면 이제 그들을 추억하는 시간을 가져 보자.

밑에 예전에 친밀했으나 현재 멀어진 사람의 이름을 쓰고, 그 밑에는 그렇게 된 이유를 쓴다. 만일 그때 나의 잘못으로 헤어진 것이 아니라고 해도 현재는 멀어져 있는 상태이므로 나도 어떤 역할을 했을 것이다, 그 이유를 생각해 보자.

이것은 시비를 가리기 위한 것이 아니라 내가 잃은 사람을 기억하기 위한 연습이다.

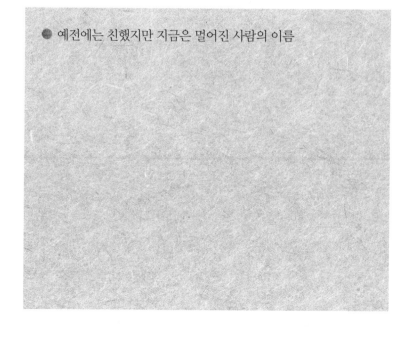

● 예전에는 친했지만 지금은 멀어진 사람의 이름

● 어떤 일 때문에 멀어지게 되었는가?

상담자 중에는 친했던 사람과 헤어지는 경험을 하고 아쉬움을 갖고 있는 사람들이 꽤 있었다. 헤어지고 나서도 그들과의 추억으로 인해 그들에 대한 감정이 진하게 남아 있었다.

상담자 중에 친동생과 연락을 끊고 사는 사람이 있었다. 그녀는 이렇게 자신의 경험담을 털어놓았다.

"동생네의 사업이 갑자기 어려워져서 돈이 급한 동생의 주식을 매입했어요. 그런데 시간이 지나고 매입한 주식의 주가가 꽤 올랐는데 그 차액을 동생에게 주자니 어쩐지 아깝다는 생각이 들더군요. 당시 갖고 있던 돈에다 약간의 대출까지 받아서 그 주식을 사줬었거든요. 솔직히 나는 언니로서 할 만큼 했다는 생각이 들었어요.

그리고 동생이 설마 주가를 체크하고 있지는 않겠지 하고 모른 척하고 있었는데 어느 날 동생이 주식 이야기를 하는 거예요. 그것을 잊지 않고 말하는 동생을 보니 계산을 하고 있었던 것처럼 생각되어 기분이 안 좋더군요.

그 일로 크게 다툰 것은 아니었지만 그날부터 관계가 소원해지기 시작하면서 점점 연락이 뜸해지다가 어느 시점에서부터 거의 연락을 안 하게 되었어요. 부모님도 안 계시고 친정 동생이다 보니 특별히 대소사에 참석할 일도 없어서 굳이 연락할 일이 없었거든요.

하지만 시간이 지날수록 왜 그렇게 했던가 하는 후회가 들더군요. 액수가 크기는 했지만 지금 생각하면 동생에게 일부를 주었어야 했는데 라는 생각이 들어요. 마음 씀씀이가 넉넉해서 두 개를 갖고 있으면 하나를 갖고 왔던 동생이 그리울 때가 많은데 나이가 들면서 더 보고 싶어져요. 그렇지만 만나서 사과를 할 수도 없고 새삼 옛날이야기를 끄집어내자니 어디서부터 말을 풀어야 할지 정말 모르겠어요. "

또 친한 친구와 싸우고 연락을 끊은 사람도 있었다.

"우리 딸은 자폐아예요. 사실 우리 아이 병이 누구 잘못은 아니지만 별로 밝히고 싶지도 않아 가까운 친구만 알고 있었어요. 그런데 한 친구가 다른 사람에게 그것을 이야기한 겁니다. 너무 배신감이 들고 기분이 나빠서 그 친구와 한바탕 싸우고 그날부터 연락을 끊었죠. 우리 딸이 자폐아인 것도 가슴이 무너지는데 믿었던 친구가 그 사실을 다른 사람에게 무슨 재밌는 이야깃거리라도 되는 것처럼 말했다는 게 참을 수 없더군요.

그런데 이제 시간도 많이 지났고 그 친구는 멀리 떨어져 살고 있어 만날 일도 없는데 생각나고 보고 싶기도 합니다. 재주가 많아서 바둑이면 바둑, 당구면 당구 못하는 것이 없었던 친구여서 같이 있으면 정말 재미있는 사람이거든요. 함께 쌓은 추억이 많다 보니 지금 함께하지 못하는 것이 참 아쉽습니다. "

관계에서 어떤 극한 상황이 닥치더라도 친한 사람과 맺어온 시간들을 생각하고 앞으로 만들어갈 추억들을 잊지 말자. 이것은 계산적인 것이 아니라 관계를 위한 노력의 일환이다.

외형적인 것들은 시간이 지나면 거의 원상 복구된다. 수해나 화재로 인해 파괴된 현장을 보면 너무 참혹해서 과연 원래대로 복구될 수 있을까 라는 생각이 들지만 몇 해가 지나면 분명히 더 좋아지거나 그전의 모습을 되찾는다. 하지만 피해 당사자들에게 남은 상실의 기억은 회복된 외형과 상관없이 오래도록 상처로 남는다.

우리를 힘들게 했거나 참을 수 없게 만들었던 상황은 대부분 외형적인 것들이다. 아쉬움을 느끼고 있다는 것은 복원 가능한 일이었음에도 그저 방치했기 때문에 온 결과다. 그때, 그 일이 지금의 대가를 치를 만큼 중요했던가를 생각하면 '그건 아니었다' 라는 답을 내리게 될 것이다.

순간의 무심함과 이기심으로 인생에서 소중한 것을 놓치지 않아야 한다. 잘못은 나에게 더 많았을 것이다. 왜냐하면 큰 후회와 진한 아쉬움이 남아 있기 때문이다.

엎질러진 물이지만 담을 수 있는 그릇을 준비하고, 담을 것이 없다면 새로 담은 물은 다시는 엎지 말자.

외형적인 것들은 시간이 지나면 거의 원상 복구된다.
수해나 화재로 인해 파괴된 현장을 보면 너무 참혹해서
원래대로 복구되기 어려워 보이지만 몇 해가 지나면
분명히 더 좋아지거나 그전의 모습을 되찾는다.
하지만 피해 당사자들에게 남은 상실의 기억은
회복된 외형과 상관없이 오래도록 상처로 남는다.

02

상처의 치유와 극복은
성장을 위한 단비다

행복한 사람도 늘 행복하지는 않다.
기쁨과 슬픔이 교차하고 상처받기 쉬우며 변화무쌍하고 불완전하지만,
그런데도 삶에는 한없이 감사할 가치가 있다.
댄 베이커

우리에게 살아갈 날들이 있다는 것은 가장 큰 선물이다. 그동안의 시
간 속에서 우리는 많은 경험을 했다. 그러한 경험들을 떠올려 보면
대부분 더 잘할 수 있었는데 라는 아쉬운 마음이 들 것이다. 그렇기
때문에 앞으로의 시간에 대한 계획을 세우고 결심도 하는 것이다.

어려웠던 시간들은 그 후의 내 삶에 성장의 단비가 되었을 것이
다. 그때는 죽을 만큼 힘들었어도 지금 돌아보면 다 지나간 일들이
되어 있다. 어려움에 처했을 때는 힘든 시간이 끝나지 않을 것처럼
느껴진다. 그러나 우리에게는 항상 그다음의 시간이 주어진다. 더
좋아질 수 있는 기회 말이다.

고대 그리스 왕 다윗이 궁의 세공인에게 반지를 만들라고 명했다. 반지에는 승리에 도취되어 교만해지는 것을 막고 절망에 빠졌을 때 좌절하지 않을 용기와 희망을 줄 수 있는 글귀를 넣으라고 주문했다.

아무리 생각해도 좋은 글귀가 떠오르지 않자 세공인은 솔로몬 왕자에게 가서 물었다. 그러자 솔로몬은 유명한 글귀를 알려주었다.

'이 또한 지나가리라.'

시간이 지나면 현재의 고통은 사라지거나 적어도 옅어진다. 그런데 힘든 경험은 우리도 모르는 사이 우리를 그전보다 더 깊고 넓은 사람이 되게 해준다. 그래서 원수와도 화해하고, 주고받은 상처에 대해 서로 용서하고 용서받을 수 있는 것이다.

어떤 일이 생겼을 때 장기적 관점으로 바라보면 좀 더 나은 결론을 내릴 수 있다.

우리는 20대에 무언가를 빨리 이루어야 한다고 조급해하지만 지나고 보면 30대에도 또 그 후에도 할 수 있다는 것을 알게 된다. 조급함으로 인해 우리는 삶에서 많은 것을 잃어버리고 산다. 사람, 시간, 일 등에 대해 우리가 길게 보지 못하는 이유는 항상 쫓기며 살고 있기 때문이다.

절대 용서할 수 없었던 사람이지만 오랜 시간이 지나면 그 일이 사람까지 잃을 만한 것은 아니었다는 사실을 알게 된다. 또 그때 받았던 상처가 사실 그 정도까지 심한 것은 아니었다는 것도 알게 된다.

일이 너무 풀리지 않을 때 낙담과 우울함을 껴안은 채 내 인생에

희망은 없을 거라고 절망하는 것은 조급한 생각이다. 추운 겨울 꽁꽁 얼어붙는 대지를 보면 어떤 생명체도 자라지 못할 것 같지만 봄이 되면 어김없이 새로운 생명체가 자라난다.

실연의 고통 속에서 다시는 아무도 사랑할 수 없을 것 같지만 절대 그렇지 않다. 누구나 그 후 누군가를 만나 다시 사랑에 빠진다.

긴 관점에서 보자면 지금의 시간은 모두 지나가는 순간일 뿐이다.

미국에서 유일한 4선 대통령이며, 뉴딜 정책으로 경제 공황을 극복하고 제2차 세계대전을 승리로 이끈 프랭클린 루스벨트에게 최고의 참모이자 내조자는 부인 엘리노어 루스벨트였다. 그런 엘리노어에게도 시련과 상처가 있었다.

그녀는 1918년 남편의 외도 사실을 알았다. 사랑하고 존경하는 남편의 배신으로 하늘이 무너질 만큼 절망했지만 남편을 용서하고 받아들였다.

루스벨트는 그로부터 3년 후 소아마비에 걸렸다. 엘리노어는 7년 동안 남편의 재활훈련을 도왔을 뿐 아니라 휠체어에 탄 그를 1933년 대통령에 당선시켰다.

영부인이 된 엘리노어는 소외된 사람들을 위해 온 힘을 쏟았다. 그녀의 활약상 중 대표적은 것은 퇴역군인들의 연금 지급에 관한 것이다.

미국은 독립전쟁 때부터 참전군인에게 추가수당을 지급했다. 그러나 제1차 세계대전 후에 문제가 생긴다. 워낙 큰 전쟁이었고 생과 사의 고비에서 살아남은 참전 군인들은 자신들이 받을 수당이 부족하다고 생각해서 추가보너스를 요구하는 정치행동을 전개한다. 1926년 이 의견은 통과되어 지급이 결정되었지만 대상자가 너무 많아서 지급해야 할 액수가 엄청났다. 정부는 신탁기금을 부어 돈이 모이기까지 20년이 되는 해인 1945년에 지급하겠다고 약속한다.

그러나 1932년 무렵에 시작된 대공황으로 곤경에 처한 퇴역병들은 보너스 지급을 해달라는 요구를 하기 시작했다. 이들은 점점 강도 높은 집회를 하고 정부는 무력진압을 하면서 사태는 심각해지고 당시 대통령이었던 후버는 그해 선거에서 패배한다. 그 뒤를 이어 당선된 루스벨트는 무력으로 진압하는 대신 아내 엘리노어를 협상자로 내보낸다. 퇴역군인들은 천막을 치고 그곳에 기거하면서 집회를 계속하던 중이었고 엘리노어는 직접 천막을 찾아갔다. 그리고 노병들을 설득해 보너스 추가 지급은 약속대로 45년에 하기로 하고 그 대신 공공 일자리를 주어 그곳에서 일하는 것으로 협상을 마무리 짓는다. 퇴역군인들은 엘리노어의 겸손하고 진정성 있는 설득에 감화되어서 후버는 자신들에게 경찰을 보냈지만 루스벨트는 아내를 보냈다고 말했다.

또 제2차 세계대전 중에는 군대의 사기를 높이기 위해 미국기지를 비롯해 영국과 남태평양을 순회했다. 루스벨트의 건강이 악화되자 그의 눈과 귀가 되어 제반 현황과 계획, 여론을 수시로 남편에게 보고했다.

만약 엘리노어가 없었다면 프랭클린 루스벨트도 없었을 것이다. 그녀가 남편의 외도를 받아들이지 않고 상처를 극복하지 못했다면 그 이후의 공적은 존재하지 않았을 것이다. 그녀는 자신의 삶을 긴 관점에서 바라보았다.

기꺼이 받아들이고 조용히 극복하는 사람은 삶에서 진정한 승자가 된다. 그 사람의 극복은 인내가 아니라 앞으로 맞이할 시간을 위한 준비와도 같다.

영화 〈아웃 오브 아프리카〉는 느린 사랑과 참을성 있는 기다림으로 생을 조급히 살지 말자는 메시지를 던져준다.

카렌은 덴마크에 살고 있으며 많은 재산을 갖고 있다. 열정적인 성격의 그녀는 자신의 삶이 무의미하게 느껴지고 더 배울 것이 없는 덴마크를 떠나 자신의 농장이 있는 아프리카로 가고 싶어 한다. 그래서 친구로 지내던 남자와 급히 결혼을 약속하고 아프리카로 가지만 모든 것이 맞지 않는 사람과의 결혼생활은 불행했기에 이혼을 한다. 그리고 자상하고 낭만적인 데니스를 만나 사랑하게 된다.

데니스를 완벽하게 소유하고 싶은 카렌은 결혼하자고 청하지만 데니스는 결혼이라는 제도에 매이고 싶어 하지 않는다. 그러나 카렌은 훌쩍 떠나 자신의 시간 속으로 들어갔다가 돌아오곤 하는 데니스를 기다리기가 힘들다.

그러던 중 카렌의 농장에 불이 나고 그곳에서의 삶이 힘겨운 카렌은 덴마크로 돌아가기로 결심한다. 카렌을 다시 찾은 데니스는 그녀의 소유욕과 사랑을 조금은 이해하고 있었다. 그러나 비행기 사고로 데니스는 죽는다. 장례를 마치고 덴마크로 돌아온 카렌은 데니스에게 이야기를 지어내 들려주었듯이 아프리카와 데니스를 추억하며 글을 쓰기 시작한다.

카렌은 열정과 사랑을 동일시했으므로 다스리는 법에 서툴렀다. 그녀가 사랑하는 방식은 데니스와 시간과 공간을 함께해야 하며 그것은 늘 지속되어야 한다는 것이었다. 카렌에게는 당장 눈앞에 보이지 않는 것과 기다리는 것이 힘들었으나 데니스의 죽음으로 이제 기다리는 일만 남았음을 알게 된다. 그리고 데니스가 비행기를 태워주던 날을 떠올린다.

그날 비행기에서 내려다보았던 아프리카의 풍경들은 끝없이 길었고 모든 산과 강과 바다가 이어져 있었으며 동물들조차 길게 무리를 지어 있었다. 그 풍경이 왜 경이로웠는지 그녀는 비로소 깨닫는다. 데니스는 천천히 가면서 멀리 보기를 원했다. 멀리 보이는 것은 길게 사랑할 수 있다는 생각을 하는 데니스를 그녀는 이제 이해하게 된다. 그녀는 비로소 자신의 삶을 길게 보기 시작한다.

카렌에게 아프리카와 데니스는 같은 의미였다. 아프리카의 광활한 대지와 모차르트 클라리넷 협주곡의 느리고 평화로운 선율은 우리가 겪는 일상의 마찰과 상처들 위에 더 큰 삶이 있음을 기대하게 한다.

상처를 치유한 사람들은 시간이 지나고 사건이 희미해지면 마음속에 다른 무언가가 자리잡게 되었음을 느끼게 된다. 그것은 대부분 자신의 의지로 만들어낸 자기반성의 결과로 그전보다는 더 잘하겠다는 방향의 전환이다. 전환이 이루어지면 그때부터는 마음속에 분노가 남아 있어도 뾰족하고 강렬했던 감정은 둥글어지고 부드러운 혼합색으로 바뀐다.

잘못한 일은 지금 잘 보이지 않아도 며칠이 지나면 한 장의 그림으로 정리된다. 그래서 부끄러울 수도 있고 화가 날 수도 있다. 그러나 다시 시간이 더 흐르면 좀 더 큰 화면의 그림으로 전체를 조망할 수 있게 된다. 그때 우리는 '아 그런 거였구나' 라고 뒤늦게 깨닫게 된다.

그래서 그 나이가 되기 전에는 절대 알 수 없는 것들이 있고, 그 상황을 당하지 않고서는 절대 알 수 없는 것들이 있다.

모든 사람은 나이를 먹는다. 그것은 시간의 흐름만큼이나 자연스러운 것이다. 그러나 나이 든 모든 사람이 같지는 않다. 힘들었던 시간을 견뎌내고 지금 그 나이가 된 사람에게는 인생의 깊이가 자리한다. 그는 상처의 치유를 위해 노력했을 것이며 나를 용서하고 다른 사람을 용서하고 그 위에 새로운 희망을 가져와 지켜내느라 애를 썼을 것이기 때문이다.

그리고 더 앞의 삶에 있을 미지의 고난들도 잘 견뎌낼 것이 확실하다. 그전보다 더한 상처가 찾아온다 해도 경험이 있으니 쉽게 건너갈 것이다. 왜냐하면 그동안 나를 지켜낸 것은 바로 자신이었기 때문이다. 상처는 우리에게 고통을 주지만 그것을 견뎌냄으로써 더 단단한 자신을 만들게 된다.

상처받지 않는 사람은 없지만, 그것을 어떻게 받아들이고 치유하느냐에 따라 그것은 우리 삶을 병들게 하는 마음의 감기가 될 수도 있고, 더 나은 삶을 싹틔우는 단비가 될 수도 있을 것이다.

상처는 우리에게 고통을 주지만 그것을 견뎌냄으로써
더 단단한 자신을 만들게 된다.
상처받지 않는 사람은 없지만, 그것을 어떻게 받아들이고 치유하느냐에 따라
그것은 우리 삶을 병들게 하는 마음의 감기가 될 수도 있고,
더 나은 삶을 싹틔우는 단비가 될 수도 있다.

쓰면서 치유하는 심리처방전
상처를 떠나보내는 시간

초판 1쇄 발행 2016년 10월 7일
초판 17쇄 발행 2024년 2월 28일

지은이 김세라
펴낸곳 보아스
펴낸이 이지연
등 록 2014년 11월 24일(No. 제2014-000064호)
주 소 서울시 양천구 목동중앙북로8라길 26, 301호(목동) (우편번호 07950)
전 화 02)2647-3262
팩 스 02)6398-3262
이메일 boasbook@naver.com
블로그 http://blog.naver.com/shumaker21
유튜브 보아스북 TV

ISBN 979-11-954336-6-7 (03180)

이 도서의 국립중앙도서관 출판시도서목록(CIP)은 서지정보유통지원시스템홈페이지
(http://seoji.nl.go.kr)와 국가자료공동목록시스템(http://www.nl.go.kr/kolisnet)에서
이용하실 수 있습니다.(CIP제어번호: CIP2016022236)